在苏州寻找苏东坡

蒋理 著

古吴轩出版社
苏州新闻出版集团

苏东坡（1037—1101），名轼，字子瞻，因贬谪黄州时自号东坡居士，故世称苏东坡。宋高宗时赐谥号“文忠”，因而也被尊称为苏文忠公。

苏东坡是中国文化史上的巨人，是杰出的文艺家，也是重要的思想家。

在诗歌方面，他是杰出代表之一，与黄庭坚并称为“苏黄”。

在宋词方面，他开创了豪放词派，与辛弃疾并称为“苏辛”。

在散文方面，他与欧阳修并称为“欧苏”，又与其父苏洵、其弟苏辙同列“唐宋八大家”。

在书法方面，他与黄庭坚、米芾、蔡襄并称为“宋四家”。

在绘画方面，他是“湖州画派”的重要成员，提出了“士人画”的概念，对后世影响深远。

在学术思想上，以他和苏辙为代表的“蜀学”是北宋重要的思想流派之一。

同时，在政治生涯中，苏东坡多次担任中枢要员和地方知州，是北宋极有影响的政治家。

因其丰富杰出的文艺成就和豁达洒脱的人生态度，苏东坡成为最受世人喜爱的古代文化人物之一。

苏州足迹

元丰二年（1079）

四月，转任湖州知州，途经苏州

· 与秦观、道潜等饮于垂虹亭中

元丰二年（1079）

六月，因乌台诗案被锁拿进京，或经苏州

元祐四年（1089）

六月，赴任杭州知州，过苏州

· 不久后作《次韵王忠玉游虎丘绝句》三首

元祐六年（1091）

三月，赴京任翰林学士，过苏州

· 于吴江舟中梦仲殊

· 到苏州，拜访知州黄履

熙宁四年（1071）

十一月，赴任杭州通判途经苏州

熙宁六年（1073）

十一月，于常州、润州、苏州、秀州等地赈灾

· 作疏请法通长老主持苏州报恩寺水陆禅院

· 苏州知州王诲请作《仁宗皇帝御飞白记》

熙宁七年（1074）

五月，路经苏州

· 与刘孝叔共游虎丘，于闾丘孝终家中饮酒

· 过吴江，拜谒『三高』画像

熙宁七年（1074）

九月，转任密州知州，途经苏州

· 与杨绘、张先等六人共饮垂虹桥上

· 秀才何充为其写真

在蘇州尋找蘇東坡

賀蔣理先生新書付梓

王堯

序

王尧

我一直关注有关敦煌的著述，青年时读常书鸿，现在读樊锦诗。中国文化人无论是否去过敦煌，他心中大致都有一个与自己血脉相连的“敦煌”。我遗憾自己错过两次访问敦煌的机会，阅读种种“敦煌”时便觉得越来越走近敦煌。蒋理所著《敦煌守望四十天》也给我这样的感觉，读了这本书我才知道作者原来也在苏州扎根了。

在苏州的一次阅读活动中，我见到了蒋理，听他在台上讲述曾以“敦煌文化守望者”的身份在敦煌“守望”的经历以及之后的写作历程。我已读过这本书，因而有些共鸣。苏州文化圈不大不小，蒋理去敦煌之前已客居苏州几年，他在甪直创办的“光影墅”颇有些名声。我供职的学校与甪直相距不远，但人常常会舍近求远，在别处看风景，我已经好多年未在甪直的老街上徜徉。约略知道蒋理的工作是以保护和传承传统文化为己任的，也就引为同调，第一次见面便觉得是多年未见的朋友。

蒋理生于川、学于京，事业有成后下江南，在苏州乐不思蜀，其中的心路历程想必也是一本书。在江南浸淫几年后，蒋理带着江南的气息去了敦煌。在身之所居与心之所向之间，一边是小桥流水，一边是大漠孤烟。敦煌流传的一句谚语如是说这两者之间的差异：居塞北之人，不知江海有万斛之船；居江南之人，不知塞北有千里之雪。但蒋理觉得在万斛船与千里雪之间彼此呼应，存在着无数微妙的联系。他在阅读中发现，莫高窟已知最早的游人题记，

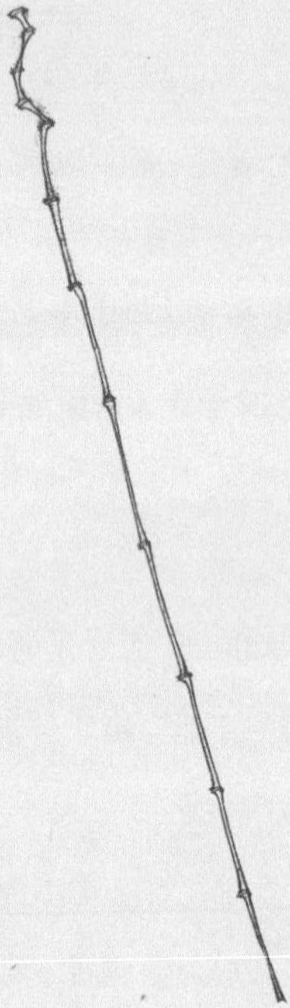

东坡杖藜

便是江南游客的;《康僧会江南传佛法》《吴淞江口石佛浮江》等壁画则描绘了江南图景。蒋理通过这样的阅读和思考,发现的是文化交融的图景。在某种意义上说,千百年来,正是无数人文化的行旅促成了文化的传播和融合。

在这样的背景中,我们想象苏东坡踏上苏州的那一刻,他是什么样的心情,苏州又是怎样的光景。我们未必知晓苏东坡在苏州的种种故事和细节,但有一句几乎家喻户晓的名言:“到苏州不游虎丘,乃憾事也。”北宋熙宁四年(1071)夏,苏东坡从京城往杭州,途经苏州已是仲冬时节,这是他第一次踏足苏州。此后二十年,步履声声,苏东坡苏州之行有六次可以确证,北宋元丰二年(1079)六月,苏东坡因乌台诗案被锁拿进京或经苏州。从北宋熙宁四年(1071)第一次经苏州,到北宋元祐六年(1091)最后一次过苏州,二十年间,苏州是苏东坡心中之城,苏东坡则是苏州文化史上灿烂的篇章。九百多年过去了,苏州是传说,苏东坡是传说,“苏东坡和苏州”也是传说。如何说传说,在苏东坡再次成为热点人物时,对蒋理是不小的考验,他的“寻找”也让我怀有阅读期待。

我特别在意蒋理“在苏州”“寻找”“苏东坡”的方式。他在历史场景的还原中,全身心融入,以理解苏州、理解苏东坡的方式去寻找。这样的方式不是“消费”苏东坡,而是重塑苏东坡,重述苏东坡与苏州的故事。如此,写作者蒋理不只是“讲故事者”,也不是“旁观者”,而是做苏东坡的“同时代人”。我在书稿中读到很多这样的段落:“我曾无数次伫立于定慧寺那两棵大银杏树前,望向神秘而深邃的大雄宝殿内。在那里,刚从惠州归来的卓契顺,正缓

东坡笠

东坡帽

缓展开那幅东坡手书的长卷。与此同时，守钦长老双手合十，朝向了岭南的方向。”“我在清虚堂中感受着苏东坡和弟弟子由，好友王定国、孙巨源的不朽情义——‘九衢灯火杂梦寐，十年聚散空咨嗟’。世间应该再难找到哪句诗，能将生活的亦真亦幻、人世的悲欢离合以及诗人的感怀深重，表达得如此传神了吧？也再没有哪句诗，能如‘此心安处是吾乡’一样，让人感觉到心灵平静的力量。”在“场内”的蒋理用诗性的笔触、有节制的抒情，将我们带入其中。置身其中的写作，在叙事中呈现了自己的理解，并形成了一种与苏东坡对话的效果。我想，蒋理的感怀也很容易引发读者的共鸣：“我很珍惜这样的相遇和神游，因为每个人都需要有属于自己的清虚堂、狮子林和精神上的桃花源。人们在这里卸下伪装，做回自己；在这里释放压力，享受当下；在这里得到安慰，抚平创伤；也在这里找到勇气，继续前行，去遇见人生中最美的薝卜花开。”

蒋理寻找了苏东坡，也寻找了苏州，而这个“苏州”也是苏东坡之后苏州人因寻找而生发的苏州文化史。以苏东坡与定慧寺的结缘为例，清道光十三年（1833），时任江苏按察使的李彦章走进定慧寺寻找东坡。发现《归去来兮辞》碑不久，便在定慧寺修建了苏祠和苏亭，将此碑立于亭中。如蒋理所言，江南士人们的创作激情被彻底点燃，如陶澍，如林则徐，其他苏城名师紧随其后，或追和东坡，或赋诗抒怀，或绘图纪胜。蒋理感叹道：“毕竟谁不愿意将自己的人生投入伟大的东坡传奇中去呢？”追和、赋诗、绘图，或之后长长久久的缅怀、演绎、传说，也就成了塑造和诠释苏东坡的一种文化方式。我以为这是理解宋以后苏州士人和文化史的一条重要线索。

《赤壁赋》中的苏东坡

如果说关于苏东坡与苏州的故事是本书的主线，那么在苏东坡之后，苏州人的寻找则是另一条不能忽视的线索。蒋理用复调的形式，将单一的事件置于更宽广的时空中，由点及面，由此及彼，点亮了历史的幽暗之处，也拓宽了阅读苏东坡的视角。这样一种独具匠心的叙事方式，让《在苏州寻找苏东坡》具有了许多学术著作不具备的文学性。

在读完这部书稿后我想，蒋理也是愿意将自己的人生投入伟大的东坡传奇中去的一位。所有写作历史人物的学者、作家都是在写历史人物时写自己，蒋理写苏东坡也是在写自己。他阅读《苏亭小志》的感觉，或许就是我的感觉："而正是此书，让近200年之后的我，能够穿过历史的烟云，看见那座不朽的精神花园：园中花木繁盛，湖石玲珑。长松掩映之下的应该就是苏祠，翠竹环抱之中的一定就是啸轩，而苏亭则伫立于假山之巅，仿佛正日夜眺望着岭南的方向，等待着有朝一日东坡归来。"

苏东坡再次归来了。当读者朋友们打开《在苏州寻找苏东坡》时，你就会和苏东坡在苏州相遇。是的，我们是苏东坡的"同时代人"。

目录

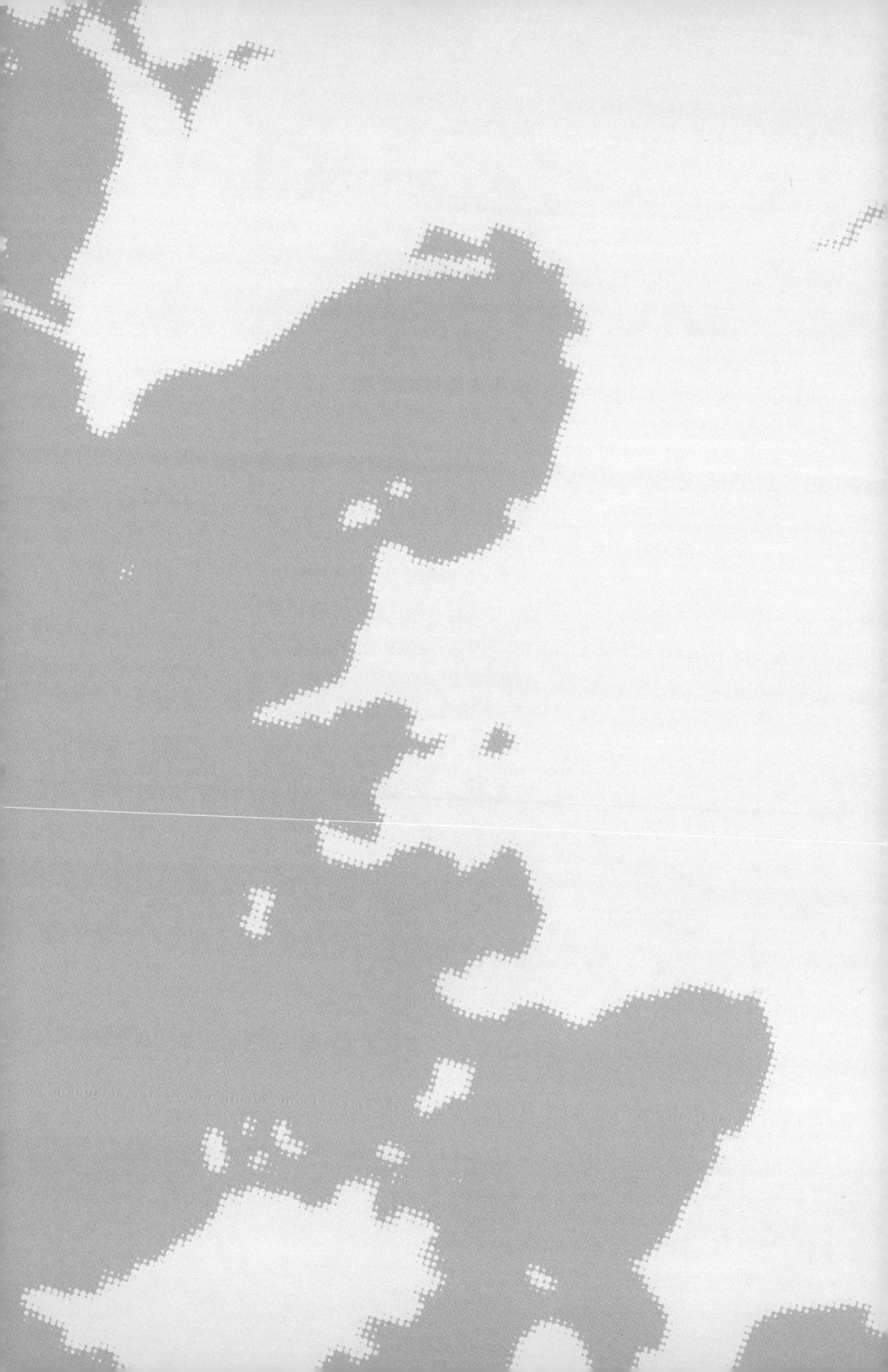

定慧之缘

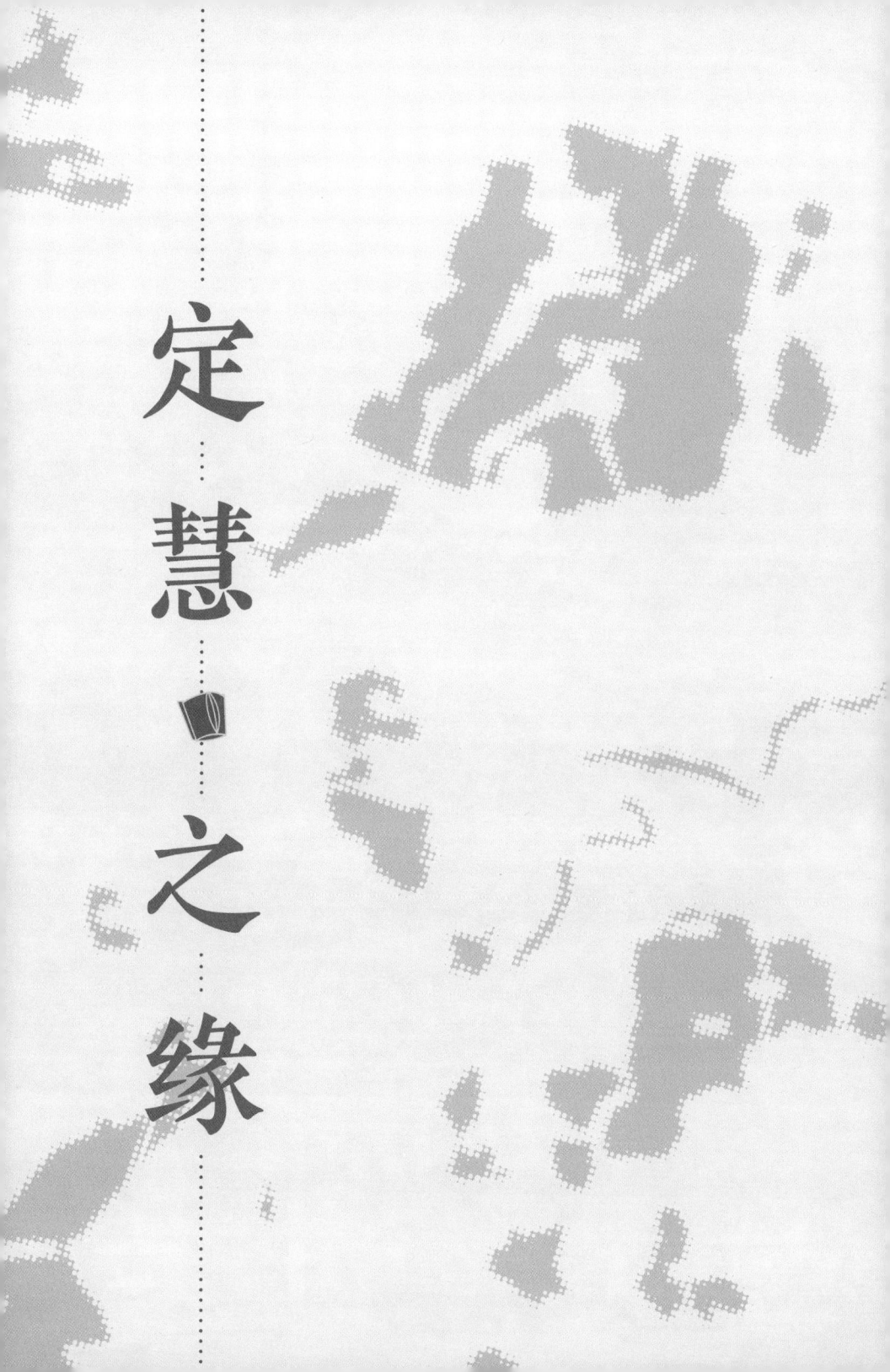

苏州城里，有座始建于唐代的定慧寺，寺中大雄宝殿前，两棵古银杏枝繁叶茂，每到深秋，一树金黄，寺僧颇知雅意，落叶旬月不扫，成就了古城一景。在苏州寻找苏东坡，一定要从这里出发。因为900多年前，那个名叫卓契顺的学佛者，就是从定慧寺启程，南下岭海，去寻找千里之外的苏东坡。

岭海传书

那是宋哲宗绍圣二年（1095），59岁的苏东坡已被贬谪惠州，身边只有侍妾王朝云和第三子苏过相随，与远在江苏宜兴的其他家人失去了联系。亲朋好友们担忧其安危，四处托人打探。而东坡门人钱世雄（字济明），时任苏州通判，也动用各种资源，想尽一切办法帮助找寻。消息传入了苏州定慧寺，寺中杂役“净人”卓契顺，面对一筹莫展的僧俗，说出了那句宣言般的话：“惠州不在天上，行即到耳。”

于是，他带上东坡家人的亲笔书信，带上定慧寺守钦长老所写的《拟寒山十颂》诗，带上这座城市的最大敬意和无限关切，踏上了旅程，去寻找那位素昧平生的落魄诗人。

三千里路，孤身一人，这显然是一次奋不顾身的前行。苏东坡在他的文章中留下了简单但也惊心的记叙：“绍圣二年三月二日，契顺涉江度岭，徒行露宿，僵仆瘴雾，黧面茧足，以至惠州。”遍尝风餐露宿之苦，几乎死于毒雾中的卓契顺，就靠着“行即到耳”的信念坚持了下来。

一见到苏东坡，他就感受到了落魄诗人在逆境中特有的松弛感，并被深深感染。苏东坡一本正经地问他：“你这趟带什么苏州土特产来了吗？”卓契顺双手一摊，表示除了家书和赠诗，两手空空。苏东坡佯装埋怨：“可惜这数千里路空手而来啊！”卓契顺便做了挑担的姿势来回应，大概是说下次自己多挑点菱藕芡莲之类的东西过来。我想在那一刻，在两人的相视而笑中，卓契顺已再无担忧了。苏东坡用独有的乐观和幽默，展示出他安然无恙的状态和内心的强大——这也是对关心他的亲朋好友以及数千里之外的那座城市最好的回答。

苏东坡当然明白这数千里为他奔赴而来的情义。于是，在一番玩笑之后，他询问卓契顺“可有所求”，希望尽自己所能给予回报，但得到的却是这样的回答：“契顺惟无所求，而后来惠州。若有所求，当走都下矣。”我相信此言不虚，善于钻营的人眼里只有京城之中炙手可热的尚书学士们，谁会记得流落天涯的犯官逐臣呢？

但没有所求并不代表没有心愿。在苏东坡的苦苦追问下，卓契顺讲述了一件唐代旧事——故事的主人公蔡明远，是唐代名臣、著名书法家颜真卿任饶州刺史时的麾下小校。后来颜真卿入朝北归，遭遇江淮间天灾人祸，民不聊生，饿殍满地，全家因此滞留金陵，“绝粮江淮之间”，“阖门百口，几至糊口”。蔡明远得知消息后，变卖家产，购买粮食，不远数百里，租船运往南京，以解颜真卿之急。颜公很是感动，提笔写下了流传千古的《与蔡明远书》以示感谢，而天下之人也因此知道了原本默默无闻的蔡明远。

讲完这个故事，卓契顺终于说出了自己的心愿：“今契顺虽无米与公，然区区万里之勤，倘可以援明远例，得数字乎？”——他希望如同蔡明远获得颜真卿的手迹一样，可以得到苏东坡赐字。此时的东坡手迹，在有些人眼中，或许只会惹火烧身，避之唯恐不及。但在卓契顺的眼中，那将是他曾在这世间活过的证据，是让他的生命之火永不熄灭的东西。

归去来兮

苏东坡谦虚地表示自己“名节之重，字画之妙，不逮鲁公”（鲁公即颜真卿），所以手书了东晋诗人陶渊明的《归去来兮辞》，希望“契顺托此文以不朽”。我想虽然归途漫漫，但捧着这份墨宝的卓契顺应该比来时更加无所畏惧。他或许不是个优秀的学佛者，还没有那种“万缘皆空”的觉悟。但他是一个执着者，

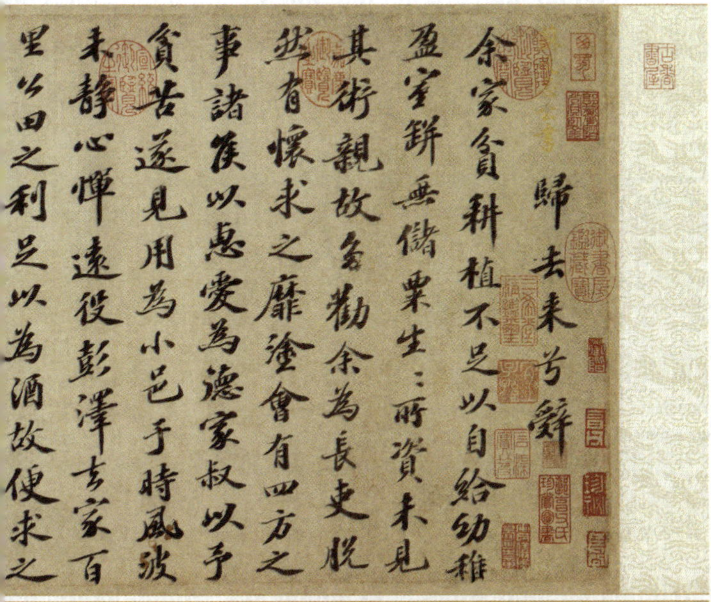

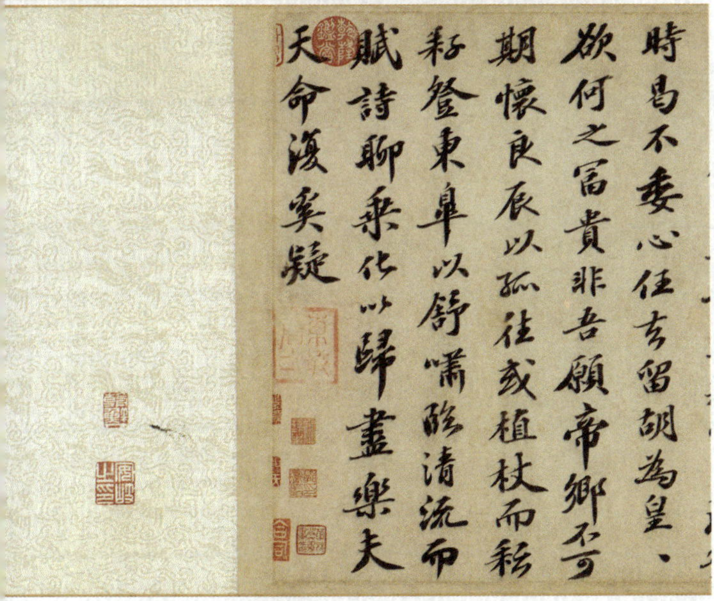

郭衢阶赏鉴

衢阶

亨父

郭亨父氏珍赏图书

郭衢阶印

郭氏亨父

亨父

知道“积跬步以至千里”；也是一个聪明人，懂得“附骥尾而致千里”。他凭借勇气和智慧，在拥挤的史书中，为自己争取了一小块地方。

对于自己的处境，苏东坡显然是无比清醒的。他不愿意让那些深爱着他的人，因其获罪。尤其是曾身陷乌台诗案这样的“文字狱”中，让他格外警惕曲解文字带来的灾难。我想这才是他书写《归去来兮辞》的主要原因吧。

被贬惠州的苏东坡，已经决定要将陶渊明的诗悉数唱和一遍，用这种方式向安贫乐道的偶像致敬，也向世人展现自己乐观超逸的内心世界。此时此刻，他也用这篇《归去来兮辞》，表达了对于回归故园、结束漂泊的渴望——而长子所在的江南，正是他彼时心中的家园吧！

苏东坡颇为欣赏定慧寺守钦长老托卓契顺带来的《拟寒山十颂》诗，对这位素昧平生的僧人给予了很高的评价：

> 苏州定惠长老守钦，予初不识。比至惠州，钦使侍者卓契顺来，问予安否，且寄十诗。予题其后，曰：“此僧清逸超绝，语有璨、忍之通，而无岛、可之寒。”予往来三吴久矣，而不识此僧，何也？

苏东坡认为守钦的诗中有禅宗三祖僧璨、五祖弘忍那样的“通达”，但又没有诗僧贾岛、无可那种刻意为诗的“寒态”。对于多次到访苏州，喜欢结交方外之友的苏东坡来说，错过守钦确实是一大遗憾（凭此也可推断，在此之前，苏东坡是没有到访过苏州定慧寺的）。

他写了八首诗回赠守钦，最后一首诗中这样写道：

> 净名毗耶中，妙喜恒沙外。初无往来相，二士同一在。
> 云何定慧师，尚欠行脚债。请判维摩凭，一到东坡界。

显然，苏东坡渴望着守钦能有维摩诘居士那样的大神通力，便可以跨越时空，与他相见，以弥补缘悭一面之憾。我想如果守钦读到东坡之诗，可能会忍不住即刻出发，去赴这岭海之约。但可惜的是，守钦没能看到这组珍贵的和诗，因为苏东坡在最后一刻改变了主意，将已经写好的诗书付之一炬。他已经预感到这些文字将带给朋友们的“厄运”。他希望守钦和卓契顺因为他的赠诗而不朽，但更希望两人能够好好地活着。

我曾无数次伫立于定慧寺那两棵大银杏树前，望向神秘而深邃的大雄宝殿内。在那里，刚从惠州归来的卓契顺，正缓缓展开那幅东坡手书的长卷。与此同时，守钦长老双手合十，朝向了岭南的方向。

故人何在

五年，已是沧海桑田，苏东坡渡海归来。

这五年间，他从惠州再被贬儋州，但从未失去希望，即便身陷泥淖，也要仰头看云。这五年间，他也从来没有忘记过当年岭海传书的朋友。舟近江南，在写给门人钱济明的信中，他再次提起了守钦和卓契顺。

> 某启：得来书，乃知廖明略复官，参寥落发，张嘉父《春秋》博士，皆一时庆幸。独吾济明尚未，何也？想必在旦夕。因见参寥复服，恨定慧钦老早世，然彼视世梦幻，安以复服为？闻儿子迨道其化于寿州时，甚奇特，想闻其详。乃知小人能坏其衣服尔。至于其不可坏者，乃当缘厄而愈胜也。旧有诗八首寄之，已写付卓契顺，临发，乃取而焚之，盖亦知其必厄于此等也。今录呈济明，可为写于旧居，亦挂剑徐君之墓也。钦诗乃极佳，寻本未获。有法嗣否？当载之其语录中。契顺又不知安在矣，吾济明刻舟求剑，皆可笑者也。

这通手札让我看到了那五年间守钦长老的遭遇和结局，他终究未能如东坡所愿，逃过劫难。极有可能因岭海传书之事，如参寥等与苏东坡交往深厚的僧人一样，守钦长老也被迫还俗，流落异乡，最终逝世于寿州。“恨定慧钦老早世”中的“恨”字让我感受到了近千年前东坡的痛心。但他相信那些宵小之徒只能“坏其衣服”，而守钦长老的精神是不可战胜的。越是历经苦难，内心越是强大，从“三谪”之旅归来的苏东坡，显然已经将守钦长老引为同道了。

苏东坡将当年写好又烧掉的八首和诗“录呈济明”，“为写于旧居”，就如同吴国公子季札挂剑于徐公之墓一样，旨在弥补当年的遗憾。我想，有了东坡之诗，以及他的那句“乃知小人能坏其衣服尔。至于其不可坏者，乃当缘厄而愈胜也”的赞语，见或不见，都已不重要了，守钦一生，应无遗憾！

跟守钦不同，卓契顺这位勇敢的小人物消失在了人海之中，似乎再无人知晓其下落。但我知道，他一定是因为岭海传书和《归去来兮辞》的关系，被苏东坡的敌人构陷致死了。否则，当他听到苏东坡渡海归来的消息，即便是千山万水，即便是九死一生，又有什么能拦住他奔向江南的脚步呢？他就像是一只奋翅飞向明月的萤火虫，在暗夜中绽放了自己最后的光亮。

“契顺又不知安在矣，吾济明刻舟求剑，皆可笑者也。”近千年之后，当我读到这句话时，东坡的怅然若失依然弥漫于字里行间。“刻舟求剑”四字，虽是东坡自笑，但却让我看到，那于狂风暴雨中义无反顾飞奔向他的素昧平生者，早已如刀痕一般，刻在了苏东坡心里，直到他生命的最后一刻。

数月之后，苏东坡病逝于江南。

苏州黄州

东坡虽已仙去，但种子自会发芽。定慧寺中的殿宇毁了又建，僧人走了又来。光阴匆匆，像苏东坡笔下的飞鸿。

明正统五年（1440），一位特殊的香客走进了定慧寺——不烧香拜佛，却“周览廊庑，徘徊泉石”，留恋不去。他是江南巡抚周忱。作为“坡仙”追随者，周忱熟读其诗文，了解岭海传书旧事，甚至还曾在彭泽见过他手书的《归去来兮辞》刻本。来到苏州后，他当然不会错过寻访东坡遗迹的机会。

但周忱并没有找到任何令人激动的痕迹，甚至连《归去来兮辞》的碑刻也没有一方，定慧寺就像块已冷却多年的铁。对周忱和所有热爱苏东坡的人来说，这是一种遗憾。在与寺中住持妙玹闲谈时，周忱提到了这一遗憾，却收获了一阵狂喜：妙玹告诉他，“寺中旧藏墨本故在”——这应该就是卓契顺和守钦，用苦行甚至生命换来的东坡墨迹。

这是一枚无比珍贵的时间胶囊。我想，当周忱缓缓展开《归去来兮辞》的时候，扑面而来的应该是苏东坡的超逸之气，卓契顺的义勇之气，还有守钦的傲然之气。这幅墨本跟周忱在彭泽所见的刻本有所不同，但“字体清奇，别有一种遒迈”，周忱命人“买石刻之”，留存寺中，并亲自题跋于后，阐明因缘。让天下因热爱苏东坡而走入定慧寺的每一个人，都不再空手而归。

大约也是在这个时期，定慧寺中建起了一座纪念苏东坡的啸轩。其实啸轩本在黄州，当年苏东坡第一次遭贬，无安身之所，只能寓居于黄州定惠院。院中“茂林修竹，荒池蒲苇”，颙禅师为其打开啸轩，东坡独坐其中，静听天籁，默照内心，随后写下《定惠院颙师为余竹下开啸轩》一诗，展现出低沉自省的心境：

啼鸩催天明，喧喧相诋谯。暗蛩泣夜永，唧唧自相吊。
饮风蝉至洁，长吟不改调。食土蚓无肠，亦自终夕叫。
鸢贪声最鄙，鹊喜意可料。皆缘不平鸣，恸哭等嬉笑。
阮生已粗率，孙子亦未妙。道人开此轩，清坐默自照。
冲风振河海，不能号无窍。累尽吾何言，风来竹自啸。

一定是因为苏州定慧寺与黄州定惠院，音相同，名极似，又都与苏东坡因缘深厚，所以人们愿意在这里“复刻”一座啸轩，供奉其肖像和手迹，并在那块《归去来兮辞》碑阴刻上当年苏东坡极爱的那首“定惠院海棠诗”。即便苏东坡未曾亲临，但只要这座竹下清轩在，苏州便是黄州，定慧寺便是定惠院，而那“何妨吟啸且徐行”“一蓑烟雨任平生”的超逸之风，也会永远与这座城市同在。

苏祠苏亭

又近400年过去了，苏州定慧寺年久失修，香火零落，岭海传书之事更是许久未被寺僧们提起了。

但在文人士大夫心目中，苏东坡从未被冷落，反而在这个时代，得到了空前的尊崇——士林领袖翁方纲在每年十二月十九日东坡生辰这天，都会召集同道，祭拜东坡，赏析其墨宝，吟诵其诗文，并各自赋诗以纪。在他逝世之后，其得意门生李彦章又接过寿苏会大旗。

清道光十三年（1833），走进定慧寺中寻找苏东坡的，正是时任江苏按察使的李彦章。而此时，那件堪称镇寺之宝的东坡墨书早已不知所终，那座曾寄托世人仰慕的啸轩也无处可寻。但功夫不负有心人，李彦章终于找到了近400年前周忱所刻的那块《归去来兮辞》碑，它正寂寥地躺在定慧寺的厨房之中，上面堆满了柴火杂物。我可以想见李彦章的惊喜和不悦，他面沉如水，对随行的人发出了命令：“盍护碑且以寺屋数椽奉公香火乎？”

不久之后，在定慧寺后的空地上，苏祠和苏亭建成了。祠中供奉苏东坡，而亭中则立着《归去来兮辞》碑。更令人兴奋的是，啸轩也一并归来了，还多了一块苏文忠公宋本真像碑。

江南士人们的创作激情被彻底点燃：总督陶澍送来楹联，“吃惠州饭，和渊

◀这是《苏亭小志》中的苏亭图，苏亭不远处便是罗汉院双塔，它们至今仍伫立在古城之中，成为苏东坡与苏州深厚渊源的历史见证者。

明诗，陶云吾云，书就一篇归去好；判维摩凭，到东坡界，人相我相，笑看二士往来同”，热情讴歌了岭海传书的伟大因缘；巡抚林则徐提笔挥毫，“岭海答传书，七百年佛地因缘，不仅高楼邻白傅；岷峨回远梦，四千里仙踪游戏，尚留名刹配黄州”，将苏东坡与曾担任苏州刺史的白居易相提并论。其他苏城名士，紧随其后，或追和东坡，或赋诗抒怀，或绘图纪胜，毕竟谁不愿意将自己的人生投入伟大的东坡传奇中去呢？

有心的李彦章整理了所有的诗文，又从史籍中挑拣大量与苏东坡、定慧寺有关的史料，还请人画下了苏亭图，一并编成《苏亭小志》10卷，刻书流传。而正是此书，让近200年之后的我，能够穿过历史的烟云，看见那座不朽的精神花园：园中花木繁盛，湖石玲珑。长松掩映之下的应该就是苏祠，翠竹环抱之中的一定就是啸轩，而苏亭则伫立于假山之巅，仿佛正日夜眺望着岭南的方向，等待着有朝一日东坡归来。

东坡乡人

清光绪十八年（1892）八月十三日，苏东坡的一位乡人站立在定慧寺后的苏祠中，他眉头紧锁，叹息连连，这就是时任苏州府元和知县的李超琼。

李超琼，字紫璈，别号石船居士，四川合江县人。他从小就是苏东坡的仰慕者，曾多次前往眉山，拜谒东坡旧居，寻找东坡痕迹。他在《眉州舟中望三苏祠》等诗中盛赞东坡父子："此州灵秀冠全蜀，老泉父子名彰彰。文章照耀震今古，颉颃李杜韩欧阳。"李超琼不仅在作诗上取法东坡，经常直接用东坡诗韵追和；在政事上也力争向偶像看齐。他在苏州留下的重要政绩之一——金鸡湖的李公堤，就隐隐有向西湖中的苏堤致敬之意。

在李公堤顺利完工之后，李超琼终于有了时间，去定慧寺后的苏祠中寻找和拜谒苏东坡。但映入眼帘的景象"荒凉芜秽，不堪入目"：屋仅三楹，破落不堪；园圃犹存，池水污黑；啸轩和苏公像还在，却都隐没在荒烟蔓草之中。虽然此时距离李彦章建立苏祠，不过才过去了60年。

我很能体会到李超琼当日心中的滋味，因为每一个四川人都很看重"东坡同乡"这一身份，也会因此而感觉自己离这位千古第一文人更近一些。看着一生偶像受此冷落，谁能忍受？于是，李超琼决意重修苏祠。他将所见所想写成长诗《苏文忠公祠在定慧寺内，庚申兵燹后重葺者也，壬辰秋祭诣焉，芜秽不

◀身着古装的姑娘执扇漫步于定慧寺边的苏公弄，仿佛正穿越时空，寻觅着苏东坡的踪迹。

治，顾之怃然，因有修复之思，率成长句以柬同志》，寄送给同在苏州为官的长洲知县王树棻和吴县知县凌焯，两位县令心有戚戚焉，于是三人约定各捐俸禄十万钱，启动了重修苏祠的工程。

三个月之后，苏祠、啸轩焕然一新，李超琼挥毫作联："颂语复寒山，妙谛应教龙下听；瓣香怀故里，新祠重奏鹤南飞。"但仍感觉意犹未尽，又代吴县知县、来自四川中江的凌焯作了另一副对联："公多方外缘，心境两奇，象地合依钦长老；我亦蜀中产，祠堂重葺，鹤山还念魏尚书。"两副对联都提及了苏东坡与苏州定慧寺的奇妙缘分，也顺道纪念了一下出生四川、曾寓居苏州的南宋名臣魏了翁，它们同苏祠、苏亭一起，跨越千里，成为串起西蜀与江南，连接四川人和苏州人的一根坚韧丝线。

寻找东坡

2015年，我离开北京，南下姑苏，开始了全新的生活，也开启了在苏州寻找苏东坡的旅程。

我数次徘徊于定慧寺中，希望找到一丝一毫苏东坡的痕迹。但苏亭早已湮没于钢筋水泥之中，《归去来兮辞》碑也再次隐入历史的尘埃，似乎只有院中遍植的海棠花，院旁那条叫作“苏公弄”的小巷，还延续着少许岭海传书的香火之情。

我常常想，在节奏越来越快的生活中，或许不能苛求人们永远记住已烟消云散的苏祠与啸轩，早已作古的李彦章与李超琼，以及不知去向的《归去来兮辞》，但我们不应该忘了卓契顺，那个义无反顾、千里追寻、别无所求的小人物，他代表着苏州这座城市一往无前的勇气和精神。我们更不应该忘了苏东坡，他曾用伟大的作品和乐观的精神，安慰激励着无数苏州人去过好自己的人生。

一个偶然的机会，我发现在台北故宫博物院中存有一卷《归去来兮辞》，卷上有东坡居士之印，原是清宫旧藏，钤有乾隆、嘉庆、宣统内府印玺，后缀明代才子解缙等人的题跋，卷中还印有明清两代收藏鉴赏大家郭衢阶、梁清标的印记。我不禁心生期待：这有没有可能就是当年苏东坡写给卓契顺的那份墨迹呢？

于是，我从那些蛛丝马迹出发，去浩如烟海的史料中寻找证据。终于在明代书法家、收藏家詹景凤的《玄览编》中，找到了我想要的东西：

> 东坡《归去来兮辞》一卷，楷书大如拳，书后叙说为姑苏定惠寺僧契顺书。余一开卷阅两行，曰：是坡公惠州时书，亨之（即郭衢阶）惊曰：何以知之？曰：惠州无兔毫，但以鸡毛为笔，故使转不能一一如志意，于风骨稍劣耳。然用笔法却精工。亨之大服，乃展后叙……国朝姚太师（姚广孝）跋云：东坡先生自评其书曰：吾书骨撑肉，肉没

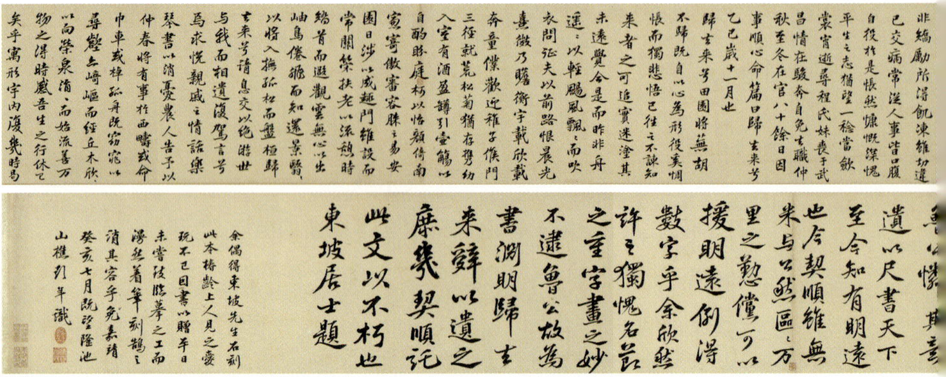

骨……今观先生与僧契顺书陶靖节《归去来兮辞》，笔法腴密，字划苍老，所谓骨撑肉，肉没骨，自出新意，不践古人之云，信不妄。太师跋后又有张雨、郑元祐、解缙绅三跋。

读完这篇小文，我心中狂喜，因为当年詹景凤曾在郭衢阶（即亨之）处见到过苏东坡所书的《归去来兮辞》长卷，清晰写明是为定慧寺僧卓契顺所书。卷后还有姚广孝、郑元祐、解缙（字缙绅）等人的题跋。而今天我所看到的台北故宫博物院所藏《归去来兮辞》，虽与记录不完全一致，但手迹上尚存多枚郭衢阶的印鉴，卷后缀有解缙的长跋，这表明它极有可能就是当年苏州定慧寺的旧物，只是卷尾东坡名款和跋语已失，后人题跋有所增减，或许千百年时光让其改变了最初的样子。且据史料记载，收藏家郭衢阶是四川富顺人，曾担任过苏州知府，我想也许正是他出守姑苏的时候，因为特殊因缘，获得了这幅从定慧寺中流出的东坡墨宝。

之后我又发现了台北故宫博物院中还藏有明代苏州书法家彭年的一幅《临苏轼归去来兮辞卷》。他在卷后跋文中写到，曾偶然得到了苏东坡所书《归去来兮辞》的拓本，朋友椿龄上人极为喜欢，于是他专门临摹了一卷送给好友。这幅临摹长卷让我能够窥见当年东坡手迹的原始风貌：前为主体——陶渊明《归去来兮辞》；后为跋语——阐明此书为卓契顺而作。它也成了又一个明证，和

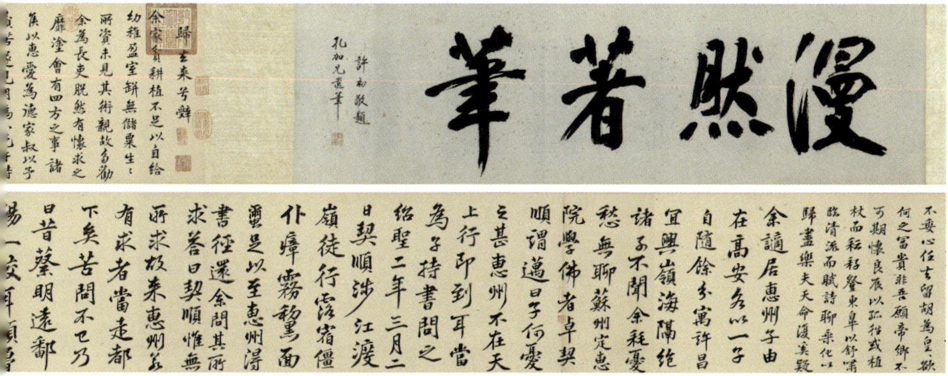

▲明代苏州书法家彭年所书《临苏轼归去来兮辞卷》，由这幅临摹习作可以窥见当年苏东坡为卓契顺所书长卷的本来风貌。

苏东坡文集中的文章、詹景凤的记录一起，将台北故宫博物院的那幅东坡手迹与苏州这座城市牢牢地连接了起来。

虽然远隔海峡，但岭海传书的旧物或许仍在。对所有热爱苏东坡的人来说，这都是一件幸事，也是一种幸福。当我在电脑上再次打开这幅《归去来兮辞》，仔细端详着苏东坡风流的字迹、解缙洒脱的题跋、郭衢阶清晰的印鉴，岭海传书的情景又浮现于那些墨字红印之间，卓契顺、守钦、周忱、妙玹、李彦章、李超琼等人也隐约其中，他们与苏东坡一起，在这幅不朽的作品之中得以永生。

除了这份珍贵墨宝，我还寻到了两块与“定慧之缘”有关的古碑，它们被镶嵌在定慧寺东罗汉院中的碑廊里，与漂泊宝岛的《归去来兮辞》遥相呼应。其中一块正是李彦章当年所立的苏文忠公宋本真像碑，画中的苏东坡形象清癯，萧疏轩举，湛然若神。而另一块碑上镌刻着李超琼在重修苏祠时留下的那首述怀长诗，诗中的苏东坡骖龙翳凤，风马云

▲倒映在一池碧水中的罗汉院双塔。双塔建于北宋太平兴国年间，见证着苏东坡与苏州的因缘。

车，浩气长存。

我常独自来到碑前，仿佛隔着时空，与苏东坡、李超琼两位先贤交谈。他们用画像和长诗告诉我，除了岭海传书和苏祠、苏亭，“坡仙”与苏州这座城市还有很多段奇妙因缘，它们都藏在那些小桥流水、古老街巷、精巧园林与诗词书画之间。找到它们，或许就能理解苏东坡曾如何深远地影响着这座城市，而这座城市又以怎样的方式融入过这位“千古第一文人”的人生。找到它们，或许就能明白如何才能在未知中不恐惧、在低谷里不沉沦，脚踏实地地过好自己的人生。

碑廊之后，双塔插云，仿佛两支毛笔立于天地之间。总有一天，我会拿起它们，以蓝天白云为纸，写下苏东坡和苏州的故事，也唤醒那些尘封的记忆。

书归去来辞赠契顺

〔宋〕苏轼

余谪居惠州，子由在高安，各以一子自随。余分寓许昌、宜兴。岭海隔绝，诸子不闻余耗，忧愁无聊。苏州定慧院学佛者卓契顺谓迈曰：『子何忧之甚？惠州不在天上，行即到耳，当为子将书问之。』绍圣二年三月二日，契顺涉江度岭，徒行露宿，僵仆瘴雾，黧面茧足，以至惠州。得书径还。余问其所求。答曰：『契顺惟无所求，故来惠州。若有求者，当走都下矣。』苦问不已，乃曰：『昔蔡明远，鄱阳一校耳，颜鲁公绝粮江淮之间，明远载米以周之。鲁公怜其意，遗以尺书，天下至今知有明远也。今契顺虽无米与公，然区区万里之勤，倘可以援明远例，得数字乎？』余欣然许之。独愧名节之重，字画之妙不逮鲁公，故为书渊明《归去来辞》以遗之。庶几契顺托此文以不朽也。

刻归去来辞跋 〔明〕周忱

苏文忠公两官杭州，复守湖州，往来姑苏，未尝不至定慧。故寺中题咏独多。□篇盖绍圣二年公在惠州时，书与寺之僧卓契顺。予尝见刻本于彭泽，心甚爱之。至定慧，周览廊庑，徘徊泉石间，追想文忠公旧游之所，嘉契顺之为人，常终日不忍去。独惜此篇刻于彭泽，而不刻于此。每叹息以为阙典，暇日以语寺之住持，欣然告予曰：『寺中旧藏墨本故在。』亟命取而观之。见其楮墨陈故而行列□□，与彭泽刻本不相类，不敢必其为文忠公所书，然字体清奇，别有一种遒迈之□，文忠公之真迹乎。因命买石刻之，以备寺中之故事云。时正统五年端阳日，去绍圣二年三百四十又六年矣。

记卓契顺答问

〔宋〕苏轼

苏台定慧院净人卓契顺，不远数千里，涉岭海，候无恙于东坡。东坡问：『将什么土物来？』顺展两手。坡云：『可惜许数千里空手来。』顺作担势，缓步而去。

罗浮高万仞，下看扶桑卑。默坐朱明洞，玉池自生肥。从来性坦率，醉语漏天机。相逢莫相问，我不记吾谁。

其七

少壮欲及物，老闲余此心。微生山海间，坐受瘴雾侵。可怜邓道士，摄衣问呻吟。覆舟吊私渡，断桥费千金。

其八

净名毗耶中，妙喜恒沙外。初无往来相，二士同一在。云何定慧师，尚欠行脚债。请判维摩凭，一到东坡界。

次韵定慧钦长老见寄八首（选五） 〔宋〕苏轼

苏州定慧长老守钦，使其徒卓契顺来惠州问予安否，且寄《拟寒山十颂》。语有璨、忍之通，而诗无岛、可之寒。吾甚嘉之，为和八首。

其一

左角看破楚，南柯闻长滕。钩帘归乳燕，穴纸出痴蝇。为鼠常留饭，怜蛾不点灯。崎岖真可笑，我是小乘僧。

其二

铁桥本无柱，石楼岂有门。舞空五色羽，吠云千岁根。松花酿仙酒，木客馈山飧。我醉君且去，陶云吾亦云。

其三

虎丘·闾丘

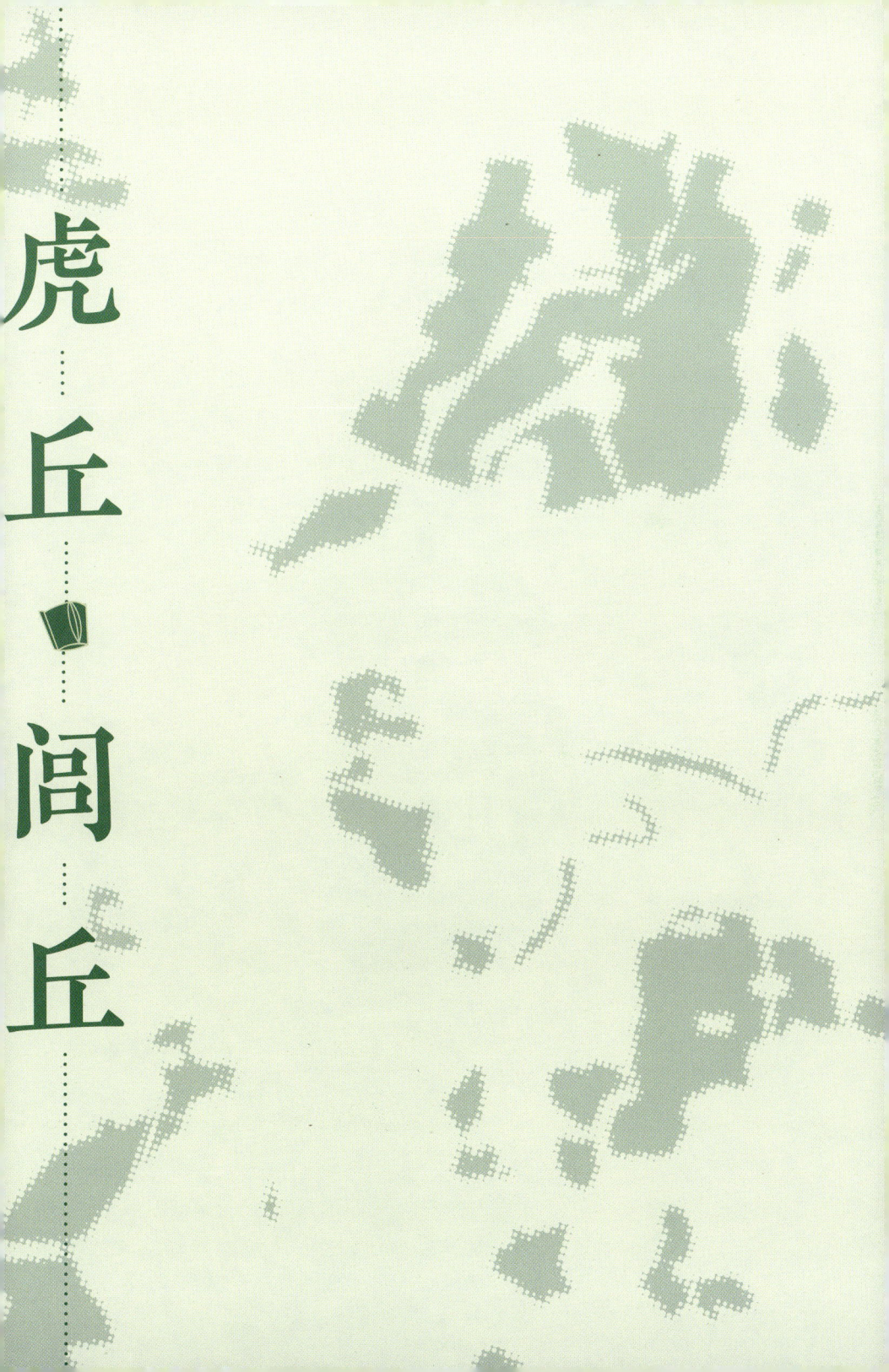

移居苏州之后，虎丘是我最常去的地方，不仅因为这里秀壁叠翠，剑池幽碧，古塔巍峨，更是因为在这里，我能看见当年东坡先生眼中的风景。

入门无平田，石路细穿岭。阴风生涧壑，古木翳潭井。
湛卢谁复见，秋水光耿耿。铁华秀岩壁，杀气噤蛙黾。
幽幽生公堂，左右立顽矿。当年或未信，异类服精猛。
胡为百岁后，仙鬼互驰骋。窈然留清诗，读者为悲哽。
东轩有佳致，云水丽千顷。熙熙览生物，春意破凄冷。
我来属无事，暖日相与永。喜鹊翻初旦，愁鸢蹲落景。
坐见渔樵还，新月溪上影。悟彼良自咍，归田行可请。

我常常跟随这首《虎丘寺》诗中的描述，沿着那条穿岭细路，感觉自己仿佛随先生而行，俯视剑池秋水，走过生公讲台，登上铁华危岩，直至望见历史风烟，云水万千。

二丘缘

虎丘，是刚到江南不久的苏东坡收到的一件特别礼物。北宋熙宁六年（1073），时任杭州通判的苏东坡受苏州知府王诲请托，写下《仁宗皇帝御飞白记》，记录了整个王氏家族的荣耀：王诲之父王举正获赐了仁宗御笔亲书的“端敏”二字。

第二年，苏东坡再访姑苏，王诲因正在斋戒祈雨不能亲自宴客，于是特别安排了苏州“二丘”（虎丘，是吴中名胜；而闾丘，则是城中名士）来接待贵宾。宴席就设在虎丘山上，这里有秀壁清泉、古木怪石的绝景，有吴王藏剑、生公讲法的故事，有“清远道士”和“幽独君”仙鬼留诗的传说，再加上苏州全城的“舞衫

▲沧桑古朴的虎丘塔矗立在静谧的晨光之中，塔畔曾有一座为纪念苏东坡而建的仰苏楼。

歌扇”前来助兴，还有一众江南才子殷勤劝酒，想来当天酒量甚浅的苏东坡必定是酒酣耳热，大醉而归。

这次虎丘之行给苏东坡留下的印象颇深，他写下了《虎丘寺》等多首诗以作纪念，其中“只遣三千履，来游十二峰”等句，令人读之仿佛遥见当年的盛况。15年后，苏东坡重返江南出任杭州知州之时，依然对当日的佳会念念不忘：

当年大白此相浮，老守娱宾得二丘。
白发重来故人尽，空余丛桂小山幽。

在这首诗后的自注中，苏东坡借用当年苏州太守王诲（字规父）的话隆重推荐了“二丘”——“郡人有闾丘公，太守王规父尝云：‘不谒虎丘，即谒闾

▲虎丘山中的铁华岩得名于苏东坡《虎丘寺》一诗中的“铁华秀岩壁”之句。

丘。’”今天虎丘景区宣传语“苏东坡说：到苏州，不游虎丘，乃憾事”应该就是由此演化而来的吧。

人们还用那首《虎丘寺》中最美的词语为虎丘的风景命名：第三泉边的铁华岩，便源于那句“铁华秀岩壁”。虎丘岩壁色赭，纹理沧桑，秀若铁花，世代为人称道，再加上泉水深碧，锦鲤斑斓，确实能引人驻足。今天崖壁上“铁华岩”三字是清代两江总督范承勋所题。范承勋字苏公，号眉山，其名号背后似乎也藏着与苏东坡的不解之缘。

而山顶的千顷云，则来自诗中“云水丽千顷”的描述。今天的千顷云只是一座后世重修的普通建筑，很难让人跟《虎丘寺》中的诗意共情。其实历史上真正的千顷云曾吸引无数文人墨客流连忘返。明代“吴中四才子”中的唐寅、文徵明、徐祯卿

◀明代画家文徵明所作的《虎丘千顷云图》中，那座以苏东坡诗句命名的“空亭”，是当年苏州文人们把酒临风之地。

就曾和“林屋山人”蔡羽在此聚会。文徵明还为此创作了著名的《虎丘千顷云图》。从图中可见这座以东坡诗意命名的亭台，立于绝壁之上，四面空敞，直视苍茫，是个坐看云起云落的好地方。难怪文徵明会在画上题诗中这样写道：

历历烟峦列翠屏，阴阴松桧拥空亭。

登临不尽怀人意，把酒凭栏看白云。

这些今天依然留存的景点和那数首吟咏虎丘的诗歌一起，将苏东坡推上了虎丘“公益代言人”的位置。虽然这个“代言人”称号是被“隔空追赠”的，但我想苏东坡应该不会介意，因为苏州的这座人文之山，确实以特殊的方式，对他的人生产生了深远的影响。

百炼钢

对于见过蜀中雄峰和长江、黄河的苏东坡来说，虎丘的山水虽然清丽，但应该还不足以掀起内心的波澜。这里真正给他留下了难以磨灭的印象的，是先贤王禹偁。这位宋初的诗人和名臣，曾在苏州府长洲县做了三年县令。在这三年中，他关注民生疾苦，勤于政务，深得民心。在苏州为官之时，王禹偁最喜欢虎丘，曾多次游览，并留下题咏。在《游虎丘寺》一诗中，他用“剑池草色经冬在，石座苔花自古斑。珍重晋朝吾祖宅，一回来此便忘还”这样的诗句，表达了对虎丘流连忘返的深爱之情。在他故去之后，苏州人在虎丘建王翰林祠，寄托对他的敬意和思念。

苏东坡眼中的王禹偁一身正气，“耿然如秋霜夏日，不可狎玩”。他在画像前久久站立，任由王禹偁的一生在心中一幕幕重现——直言进谏，独立当世，三遭贬谪，不改其志，最终客死蕲州，“以身殉义”。这也许就是苏东坡心中的真君子，是庙堂之上的百炼钢，是儒家之志的践行者，东坡“想其遗风余烈，愿为执鞭而不可得”。

彼时的苏东坡，刚刚在新党的围攻之下，被赶出了朝廷，远走江南之地。他渴望着京城有王禹偁这样的人，“正色而立于朝”，为苍生主持正义。同时，他也希望自己能成为另一个王禹偁，“消祸于未形，救危于将亡”。这种交织着委屈、愤怒、不甘的家国情怀，始终在他的心中涌动，终于在数年之后，倾泻在了《王元之画像赞》一文之中，“招之不来，麾之不去”“三黜穷山，之死靡憾”“一时之屈，万世之信"。近千年之后品读此文，我仿佛可以感觉到先生胸膛剧烈的起伏。

他在虎丘遇见了王禹偁，也唤醒了那个以天下为己任的自己。他在《王元之画像赞》中写下对偶像的不吝赞语，却也写下了给自己的人生谶语。多年之后，当苏东坡再次想起虎丘山上的王禹偁像时，他会发现，自己成了那个"雄文直道，独立当世"的人，却也没有摆脱"三黜穷山，之死靡憾"的命运——但命运赐予他的"三黜"，并不是王禹偁那样的"外放知州"，远离朝堂，而是低入尘埃，远放天涯。

风流守

闾丘，名孝终，字公显，曾任黄州知府。今天苏州古城当中的闾邱坊巷，据说便是他旧宅所在之处。我在一个细雨霏霏的日子，走进这条安静的老街，就像近千年之前，苏东坡来时那般景象。街边粉墙黛瓦，宅院幽深，但已经无法知晓，哪一道门后曾藏着诗中的舞榭歌台。

北宋熙宁七年（1074），苏东坡第一次走进了闾丘孝终的家。主人殷勤接待，美酒佳肴，轻歌曼舞。东坡先生诗兴大发，挥毫写下《苏州闾丘江君二家雨中饮酒二首》：

小圃阴阴遍洒尘，方塘潋潋欲生纹。已烦仙袂来行雨，莫遣歌声便驻云。
肯对绮罗辞白酒，试将文字恼红裙。今宵记取醒时节，点滴空阶独自闻。

五纪归来鬓未霜，十眉环列坐生光。唤船渡口迎秋女，驻马桥边问泰娘。
曾把四弦娱白傅，敢将百草斗吴王。从今却笑风流守，画戟空凝宴寝香。

这次相聚给苏东坡印象最深的，首先是这场江南烟雨。第一首诗中几乎句句都在说雨：私家园林雨中胜景、风中红裙雨中清歌、太守王公戒酒祈雨、酒后醒来独听雨声。其次便是名士闾丘。“五纪归来鬓未霜，十眉环列坐生光”等诗句，描绘出闾丘孝终退隐后的风采，尽管年过六十，却依然两鬓无霜，在十位美人簇拥之中，俨然一副“风流太守”的模样。当然，苏东坡也习惯性地调侃了这位“不服老”的新朋友——“从今却笑风流守，画戟空凝宴寝香”，即便身处花丛，但毕竟年事已高，可能已是外强中干、有心无力了。

对于苏东坡来说，烟雨园林中的逍遥闾丘，就如同携美归隐、泛舟五湖的范蠡，挂印而去、采菊东篱的陶潜，拨动着他生命中的另外一根弦。如果说王禹偁如朝堂上的“黄钟大吕”，而闾丘孝终则是江湖里的“潇湘水云”。它们就是生命中的仕与隐、进与退、入世与出世、大济天下与独善其身，分别寄托于苏州“二丘”，来与主人相见。

身在江南的苏东坡，失意于新旧党争，那些经世济民的宏愿都成了镜花水月。他南下之时所作的一首《减字木兰花·寓意》就已经表露出他心中的另一种自我：

云鬓倾倒。醉倚阑干风月好。凭仗相扶。误入仙家碧玉壶。

连天衰草。下走湖南西去道。一舸姑苏。便逐鸱夷去得无。

此时此刻，身处姑苏，耳边吴侬软语相伴，东坡先生之心或许已被闾丘那洒脱不羁的身影所笼罩。

黄州客

苏东坡可能从未想到，数年之后，会以这样的方式，与“二丘”重逢。北宋元丰二年（1079），乌台诗案爆发，他从座上客变为了“阶下囚”，最后以“犯官”

▲黄州赤壁的苏东坡像。“千古第一文人”正是在这里飞越了心灵的藩篱。

身份，被贬往黄州，担任一个没有任何实权的团练副使。而这座城市，正是王禹偁和闾丘孝终都曾出守过的地方。

王禹偁的黄州之旅比苏东坡早了80年，那是他人生当中第三次被贬谪出京，担任黄州知州。他在这里修补城垣、整顿军队、重修孔庙、弘扬教化，让这座小城“政化孚洽”。公事之余，他还在赤壁山上用廉价的楠竹建起了小竹楼以自娱。

遗憾的是，苏东坡来到黄州时，竹楼已不复存在。虽然不能登斯楼忆斯人，但我想每当他读到那篇《黄州新建小竹楼记》，王禹偁的形象定会跃然纸上——“公退之暇，披鹤氅衣，戴华阳巾，手执《周易》一卷，焚香默坐，消遣世虑。江山之外，第见风帆沙鸟，烟云竹树而已。待其酒力醒，茶烟歇，送夕阳，迎素月，亦谪居之胜概也。”竹楼和文章或许是王禹偁留给后世逐臣最好的示范——积极做好本职，淡然面对贬谪，永远坚持本心。苏东坡一定从中感觉到了，即便是王禹偁，生活中也不是只有坚硬如钢的一面。

但小竹楼生活在此时已成为一种奢望。因为断了收入来源，全家老小只能靠着大宋知名“月光族”苏东坡的可怜积蓄度日。在给弟子秦观的信中，苏东坡透露了当时的拮据状况：每天花费不得超过150钱，每个月初一取4500钱，分为30份，挂在房梁上，每天早上挑取一份，然后就把叉子藏起来，当天不准再用，以此来严格控制每日支出。在移居黄州数月之后，东坡在“朋友圈”发文，庆贺自己荣登“大宋穷人榜”第二名的宝座。

当时雄踞“大宋穷人榜”榜首多年的，正是苏东坡的好友马正卿。为了抵御“对手”的挑战，保住自己“大宋穷冠”的“殊荣”，他帮朋友从官府申请到了城东一块废地用以耕种。而这块地，正是“东坡”这一名号的起源，其中也暗含了唐代诗人白居易被贬忠州时，在东坡垦荒植花的往事。自此，“苏东坡”这一称呼在现实中诞生，他不得不舍弃所有的梦想与尊严，去学习如何成为一名垦荒耕作的农夫。他的组诗《东坡八首》记录了当时“岁又大旱，垦辟之劳，筋力殆尽”的情况。其中第一首这样写道：

废垒无人顾，颓垣满蓬蒿。谁能捐筋力，岁晚不偿劳。
独有孤旅人，天穷无所逃。端来拾瓦砾，岁旱土不膏。
崎岖草棘中，欲刮一寸毛。喟然释耒叹，我廪何时高。

当黄州的生活超越了“王禹偁模式”的范畴，这位“孤旅人”又将从哪里获得强援，去完成心灵的突围，真正成为那个笑傲人生的东坡居士呢？

绕指柔

时间来到北宋元丰五年（1082），苏东坡已结识了不少黄州朋友，逐渐习惯了贬谪生活，但依然在命运的泥潭中苦苦挣扎。正月十七日，他忽然梦到了多年未见的闾丘孝终。闾丘曾做过黄州的太守，并修建了当地名胜栖霞楼。他的黄州宦游时间不详，但当时已退隐苏州，同东坡并无交集。[东坡谪居黄州，共经历三任知州，分别是陈轼（字君式）、徐大受（字君猷）、杨寀（字君素）。]

梦中的东坡泛舟长江，忽闻江边歌乐杂作，回首远望，清影起舞，舟中人说这是闾丘太守正在栖霞楼中大宴宾客。梦醒之后，苏东坡写下《水龙吟·黄州梦过栖霞楼》：

闾丘大夫孝直公显尝守黄州，作栖霞楼，为郡中胜绝。元丰五年，余谪居于黄。正月十七日，梦扁舟渡江，中流回望，楼中歌乐杂作。舟中人言：公显方会客也。觉而异之，乃作此词。公显时已致仕在苏州。

小舟横截春江，卧看翠壁红楼起。云间笑语，使君高会，佳人半醉。危柱哀弦，艳歌余响，绕云萦水。念故人老大，风流未减，独回首、烟波里。　推枕惘然不见，但空江、月明千里。五湖闻道，扁舟归去，仍携西子。云梦南州，武昌南岸，昔游应记。料多情梦里，端来见我，也参差是。

近千年之前，苏东坡用“觉而异之”四个字来形容这个梦，但“异”在什么地方，他没有明言。近千年之后，我反复诵读、体味词意，忽然发现这个梦中并没有闾丘，而只有一座高楼与一场盛宴。如果这梦真如东坡所说，是闾丘“端来见我”，或许老友真正想要告诉他的，是不管身处何时何地，永远不要忘记去发现世间的美好，永远不要失去享受生活的能力。

我愿意相信就是这个“异梦”，为自我熔炼中的苏东坡，加上了最后一把火。在此之后，苏东坡一扫往日颓唐，以全新面貌归来。三月七日，苏东坡在沙湖道中遇上了一场骤雨。没有雨具的众人都觉得狼狈不堪，但东坡先生却自得其适。天晴之后写下了传诵千古的《定风波·莫听穿林打叶声》：

莫听穿林打叶声。何妨吟啸且徐行。竹杖芒鞋轻胜马。谁怕。一蓑烟雨任平生。　　料峭春风吹酒醒。微冷。山头斜照却相迎。回首向来萧洒处。归去。也无风雨也无晴。

不知道在写这首词的时候，东坡先生是否想起过苏州的那一场雨，想起“点滴空阶独自闻”的过去，但今天，他已经“莫听穿林打叶声”，不再纠结于风雨和阴晴，学会享受当下每一刻的适意。之后，他又连续写出了《念奴娇·赤壁怀古》《前赤壁赋》《后赤壁赋》等旷世杰作，用无与伦比的文学创造力，宣告他已从多年的心灵困境中成功突围。

在这些诗文中，我隐约看见了苏州“二丘”的影子。我相信，先生一定是以黄州苦难为火焰，以闾丘之梦为催化，将王禹偁式的百炼钢化作了苏东坡式的绕指柔。那颗伟大的心终得解脱，从此惠州、儋州，亦是奇游。

仰苏楼

斗转星移，浮云来去，数百年弹指一挥间。东坡、闾丘都早已作古，小竹楼、栖霞楼也尽归尘土，而虎丘山巅却出现了一座仰苏楼，延续着“坡仙”与苏州这座城市的不解之缘。

明嘉靖二年（1523），诗人胡缵宗出任苏州知府。他早年随父在蜀中生活，曾多次游历嘉州、眉州等地，留下过“地因苏氏重，山与岱宗齐”等诗句。不知道是否从那个时代起，苏东坡已经走入胡缵宗的心中。他出任苏州知府之后，极爱虎丘，吟咏甚多，今天二仙亭旁还留有他手书的“千人坐”摩崖石刻。他还在山中兴修多座文化建筑，其中就有为纪念那段“二丘之缘”而修的仰苏楼。

我在清代陆肇域和任兆麟编撰的《虎阜志》中，看到了一幅时人所作的版画《虎丘前山图》，上面明确标注出了“仰苏楼”。那是位于天王殿东侧的一栋两层楼宇，东西朝向，直面万千云水，暗合了当年苏东坡的诗意。

我常常感叹，那座楼还在该有多好！它会像一座丰碑，让每一个登上虎丘的人知道，这座山、这座城曾如何影响过那位“千古第一文人”的人生。但可惜的是，它最终消失于清咸丰年间的兵燹之中，就像小竹楼、栖霞楼那样无处可寻了。

但我始终相信，一定会有一些历史痕迹留在虎丘，作为仰苏楼和“二丘之缘”不灭的证明。于是，我在天王殿附近反复寻找，不放过哪怕已经漫漶不清的印迹。某一天，我的眼光偶然停留在御碑亭中，那里矗立着三块巨碑，刻着康熙皇帝和乾隆皇帝下江南时写给虎丘的诗歌。这两位皇帝登临虎丘的时候，仰苏楼还没有毁于战火，在那些已经斑驳模糊的残句中，是否会藏着我苦苦追寻的东西？

隔着护栏，我在古碑上逐字识读。终于，在西侧那块破损严重的乾隆皇帝诗碑上，看到了虽有残缺但确定无疑的三个字——仰苏楼。我忍住心中的激动，根据还能看清的只言片语，检索出了乾隆皇帝的全诗，这是一首《虎丘寺五叠苏东坡韵》，是对苏东坡《虎丘寺》诗的唱和，其辞云：

苏城北平原，拔地起崇岭。其磴五十三，其涧通深井。
岭顶法王宫，浮图矗雄耿。梵唱落云间，丝管真聒黾。

虎丘山中的御碑亭。图中左侧御碑上所刻的正是乾隆皇帝所作的《虎丘寺五叠苏东坡韵》。

▶虎丘五贤祠西侧廊道上的吴一鹏诗碑，是证明仰苏楼曾存在的重要物证之一。

虚传虎踞巅，徒说剑飞矿。尽信不如无，论欲戒奇猛。
玉局同此意，安贴新词骋。用韵不妨险，废食岂因哽。
逮兹五叠之，虽逊响钵顷。拙速颇亦成，足遣清兴冷。
仰苏楼咫尺，致我罩思永。旋跸循山塘，历历观民景。
钟声渐以远，针尖余塔影。顾问扈驾臣，可误奏章请。

乾隆皇帝极为欣赏苏东坡，不仅收藏有大量“坡仙”墨迹，还四处寻觅拜谒其遗迹。当年乾隆皇帝驻跸虎丘，见楼思人，读诗怀苏，一口气写下了七首和诗，均刻石成碑。七块碑中只有两块提到了仰苏楼，而幸运的是，其中一块成功穿越了残酷的战火，碑上“仰苏楼”三个字也避开了时间的刀剑，它们一直在虎丘山巅等着我的到来——这冥冥之中，应该有“坡仙”的护佑吧。

不久之后，一条历史更悠久的证据浮出水面——我在天王殿东墙上的一块

书条石上，找到了明代翰林学士吴一鹏的虎丘诗。吴一鹏与胡缵宗同朝为官，他的故居玉涵堂，至今仍完好保存在山塘街边，是苏州城现存最大的明代私家宅邸之一。诗句流畅自然，朗朗上口：

家近禅林惯泊舟，始知城市著丹丘。
生公说法空高座，白守题诗几醉游。
春在四时常有客，地余百尺可无楼。
趣装又作还朝计，应负山中一段幽。

第三联后有小字自注：太守胡侯方构仰苏楼尤胜。一个“方”字，瞬间将我带回了500年前的虎丘之巅，苍翠簇拥间，仰苏楼拔地而起，无数人登楼拜像，试图从那位“千古第一文人”的身上，找到过好自己人生的秘诀。

五贤祠

吾生太迟，无缘得见仰苏楼。

幸运的是，虎丘山上另建有一座五贤祠，以继人文香火，位置就在当年仰苏楼近旁。此祠是由明万历年间任长洲县令的文学家江盈科所创，几经兴废，终得延续。

祠中供奉着五位与虎丘关系密切的著名诗人，东壁上是韦应物、白居易、刘禹锡，他们都曾出任过苏州刺史，留下大量关于虎丘的歌咏，并因此获得了“苏州太守例能诗”的美誉；而西壁上则是苏东坡和他的偶像王禹偁。东坡能与四位苏州“地方官”共

▼虎丘五贤祠中的苏东坡像。他是五贤中唯一没有在苏州任职的诗人，但依然受到当地百姓的无限爱戴。

享香火，除了他与虎丘的这段渊源外，也与当时重要的文学流派“公安派”有很大的关系。

“公安派”是明万历年间的一个文学流派，以袁宏道及其兄袁宗道、弟袁中道三人为代表，该流派因三人是湖北公安人而得名。江盈科也是这一流派的主要成员之一。袁宏道正是在担任苏州府吴县知县的时候，与时任长洲县令的江盈科一起，在文化重镇苏州举起了“独抒性灵，不拘格套”的文学大旗。他们以白居易、苏轼为偶像，尤其推崇苏东坡的诗文，袁宏道甚至将苏东坡称为“诗神”。因而在修建五贤祠时，也将这位从未在苏州为官的诗人纳入其中。从此，苏东坡与虎丘再未分离。

每次来虎丘，我都会先去第三泉边摸摸沧桑斑驳的铁华岩，去御碑亭中看看记录着仰苏楼的乾隆诗碑，去千顷云边眺望白墙黛瓦的苏州城，去天王殿东的曲廊里默读吴一鹏的虎丘诗，最后走进这瓣香千古的五贤祠。

我站在西壁之前，就像当年东坡立于王翰林祠中一样。任由“二丘之缘”在心中如电影般闪现，任由那些文词诗句在耳边如惊雷般响起，任由思绪如波涛般奔涌。我想，不是每个人都能像王禹偁一般活成百炼钢，但每个人都可以像东坡先生一样，找到属于自己的绕指柔：那是“一蓑烟雨任平生”的旷达和超逸，是“自爱铿然曳杖声”的坦然和享受，是“天容海色本澄清”的自信和坚守。

每个人都可以活成苏东坡。

次韵王忠玉游虎丘绝句三首

〔宋〕苏轼

其一

当年大白此相浮，老守娱宾得二丘。

自注：郡人有闾丘公，太守王规父尝云：『不谒虎丘，即谒闾丘。』规父，忠玉伯父也。

白发重来故人尽，空余丛桂小山幽。

其二

青盖红旗映玉山，新诗小草落玄泉。风流使者人争看，知有真娘立道边。

自注：虎丘中路有真娘墓。

其三

舞衫歌扇转头空，只有青山杳霭中。莫共吴王斗百草，使君未敢借惊鸿。

刘孝叔会虎丘，时王规父斋素祈雨，不至，二首 〔宋〕苏轼

其一

白简威犹凛，青山兴已秾。鹤闲云作氅，驼卧草埋峰。跪履若可教，卜邻应见容。因公问回老，何处定相逢。

其二

太常斋未解，不肯对纤秾。只遣三千履，来游十二峰。林空答清唱，潭净写衰容。归去瑶台路，还应月下逢。

良农惜地力，幸此十年荒。桑柘未及成，一麦庶可望。投种未逾月，覆块已苍苍。农父告我言，勿使苗叶昌。若欲富饼饵，要须纵牛羊。再拜谢苦言，得饱不敢忘。

其六

种枣期可剥，种松期可斫。事在十年外，吾计亦已悫。十年何足道，千载如风雹。旧闻李衡奴，此策疑可学。我有同舍郎，官居在灊岳。自注：李公择也。遗我三寸甘，照座光卓荦。百栽倘可致，当及春冰渥。想见竹篱间，青黄垂屋角。

其八

马生本穷士，从我二十年。日夜望我贵，求分买山钱。我今反累君，借耕辍兹田。刮毛龟背上，何时得成毡。可怜马生痴，至今夸我贤。众笑终不悔，施一当获千。

东坡八首（选五）〔宋〕苏轼

其二

荒田虽浪莽，高庳各有适。下隰种粳稌，东原莳枣栗。江南有蜀士，桑果已许乞。好竹不难栽，但恐鞭横逸。仍须卜佳处，规以安我室。家僮烧枯草，走报暗井出。一饱未敢期，瓢饮已可必。

其三

自昔有微泉，来从远岭背。穿城过聚落，流恶壮蓬艾。去为柯氏陂，十亩鱼虾会。岁旱泉亦竭，枯萍黏破块。昨夜南山云，雨到一犁外。泫然寻故渎，知我理荒荟。泥芹有宿根，一寸嗟独在。雪芽何时动，春鸠行可脍。自注：蜀人贵芹芽脍，杂鸠肉为之。

其五

垂

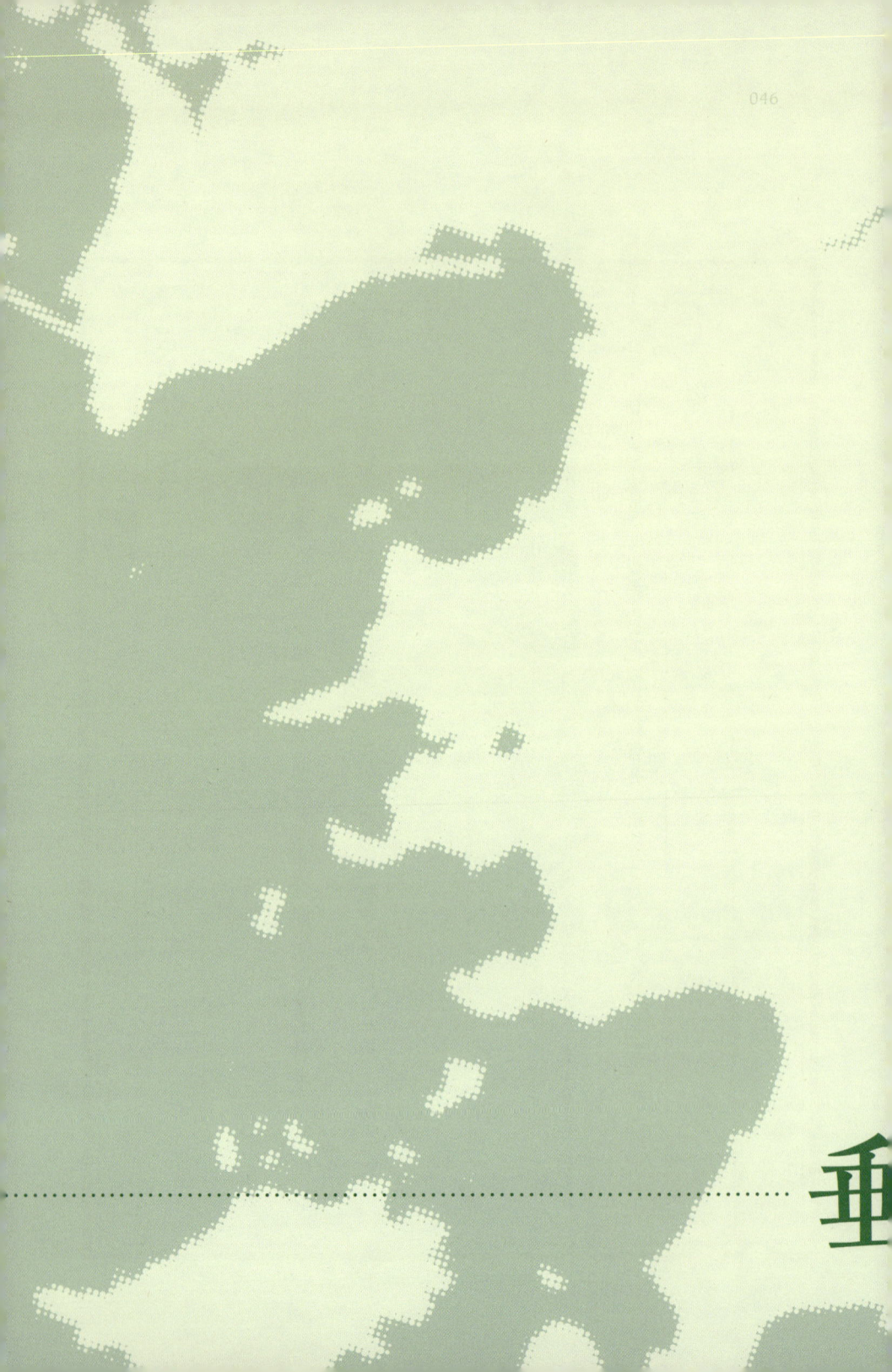

虹别意

每次去吴江，都会到垂虹桥头走走。这座始建于北宋庆历八年（1048）的古桥，以东西相望的残损姿态，伫立在城市中央狭窄的水域里。古人送客，常从姑苏城内送至垂虹桥头。往昔这里依江傍湖，四通八达，且距苏州不远不近，兼有江南烟景，正是杯酒话别之处。于是近千年之后，当我独立桥头，眺望空蒙之时，总有无数痛饮狂歌、吟诗落泪的离别场景浮现眼前。其中，就包括苏东坡和他的朋友们。

醉别垂虹：六客情义

北宋熙宁七年（1074），苏东坡结束了他的第一次杭州宦游，被调往密州出任知州。恰逢他的顶头上司杨绘被召回朝中出任翰林学士，于是两人同舟北行。好友张先与陈舜俞相约前来送行。他们沿运河而行，先至湖州探访李常、刘述。六人相聚于湖州府衙的碧澜堂，以时局下酒，以诗词唱和，不亦乐乎。

六人均为天下名士。杨绘，字元素，是四川绵竹人，与东坡为同乡，还曾在眉州出任知州，后来两人同在杭州为官，人生交集颇多；陈舜俞，字令举，与东坡同为欧阳修门下弟子，情义深厚；李常，字公择，时任湖州知州，这次是苏东坡与他的首次会面，之后两人成为知己，他的外甥黄庭坚也成为“苏门四学士”之首；而刘述则因反对王安石变法，领了提举崇禧观的闲职，寄情于山水之间，不久前刚与苏东坡相会于虎丘。

六人中年纪最大的是张先。张先，字子野，已年过八旬，本是湖州人，致仕在乡，往来于杭湖两地，是当时北宋词坛的领袖。苏东坡与其亦师亦友，并在其影响下，开始大量填词，最终形成自己的风格，开创了宋词豪放一派。两人之间最有趣的互动莫过于张先85岁时纳妾之事，民间流传苏东坡曾有“一树梨花压海棠”诗句戏赠张先，其实这只是后人附会之作。但苏东坡诗集中确实有一首诗记录了此事，那就是《张子野年八十五，尚闻买妾，述古令作诗》：

锦里先生自笑狂，莫欺九尺鬓眉苍。诗人老去莺莺在，公子归来燕燕忙。柱下相君犹有齿，江南刺史已无肠。平生谬作安昌客，略遣彭宣到后堂。

诗中通篇用张生、张苍、张禹等“张”姓典故，语带调侃，但内涵丰富，不失文雅。所以张先看到此诗后，并未生气，而是含笑解释，自己85岁买妾，并非好色，只是老来孤独，欲以此排遣寂寞而已。

六人政见相仿，文采出众，相见有千言，兴不稍减，更泛舟五湖，直至垂虹。彼时的垂虹桥，并非今天我们所见的残损石桥，而是在吴江知县李问主持之下，合全城之力建起的“东西千余尺，用木万计”（北宋朱长文《吴郡图经续记》）的木制长桥。该桥本名“利往”，因桥中有“垂虹亭”，而以“垂虹桥”名闻天下。

长桥横跨松江口，南临太湖波涛，观群峰，锁风烟，确是绝景。当年东坡和朋友们凌波微步，身入桥亭，定有凭虚临风、羽化登仙之感。其时夜半，月上中天，万籁俱寂，涛声入耳。六人置酒垂虹亭中，有胡琴、琵琶相伴，无新法、旧恨相扰，不醉何休！

如此良夜，又岂能无诗？张先以歌词闻于世间，先作《定风波》一首助兴：

西阁名臣奉诏行，南床吏部锦衣荣。中有瀛仙宾与主，相遇，平津选首更神清。　　溪上玉楼同宴喜，欢醉，对堤杯叶惜秋英。尽道贤人聚吴分，试问，也应旁有老人星。

▲明四家之一的唐寅所作的《垂虹别意图》。明正德三年(1508)中秋，吴中众文士送唐寅学生戴昭回安徽，唐寅作画留念，并题诗一首："柳脆霜前绿，桥垂水上虹。深杯惜离别，明日路西东。欢笑辜圆月，平安附便风。归家说经历，挑尽短檠红。"该画引首"垂虹别意"四字，乃由祝允明亲笔题写。

词中对座中六客各有吟诵，"西阁名臣"是指奉诏进京的杨绘，"南床吏部"则是曾任吏部郎中的刘述，"宾与主"是苏东坡和李常，"平津选首"是曾获制科考试第一的陈舜俞，而"老人星"自然是年过八旬的张先。这首汇集了当世六位杰出文人的歌词，被后人称为"六客词"。

众人也均有诗词互赠，以为留念。苏东坡《菩萨蛮·席上和陈令举》即作于此时，词云：

天怜豪俊腰金晚。故教月向松江满。
清景为淹留。从君都占秋。　　身闲惟有
酒。试问清游首。帝梦已遥思。匆匆归去时。

词中"故教月向松江满"之句，让人追想苏东坡于琼田玉鉴之中举杯邀月的风姿。每次读书至此，都不禁扼腕感叹晚生近千年，不能追随诸先贤，一登垂虹。若能身入此境，即便只做个掌灯添酒之徒，夫复何求！

那夜的苏东坡一定醉了，因为他本就是这场欢聚的主角。垂虹宴饮是好友们为他送行，也是他自己和过去生活的一次告别。从当年随父出川，到京师应试，再到初涉宦海，去凤翔为官，直至反对变法，被排挤至江南，苏东坡终于在这一刻，成为一郡之长，可以去为平生抱负放手一搏。这从他抵达密州之后词风剧变也可以看出来——“老夫聊发少年狂”的豪放，代表着他已进入了全新的生命之境。

垂虹宴散之时，张先格外感伤，牵着东坡的衣袖，老泪纵横，仿佛预感到这将是他们的永别。他另作了一首《定风波·再次韵送子瞻》：

谈辨才疏堂上兵。画船齐岸暗潮平。万乘靴袍曾好问。须信，文章传口齿牙清。　　三百寺应游未遍。重算。湖山风物岂无情。不独渠丘歌叔度。行路，吴谣终日有余声。

张先在词中盛赞了苏东坡的文才，也希望他不要忘记吴地湖山之美，以及江南朋友之情。苏东坡就这样带着友人相赠的深情厚谊，带着不绝于耳的“吴谣”之声，乘舟北行。他在高邮访好友孙觉，自然又有一番诗酒联欢的盛景。席中孙觉向他展示了一名才子的诗词，苏东坡读后赞不绝口。诗词作者便是后来位列“苏门四学士”的秦观——这番因缘又为“垂虹别意”埋下了新的伏笔。

诗别垂虹：一语成谶

时间如垂虹桥下的流水，有波澜，不停留，转眼来到了北宋元丰二年(1079)。此时的苏东坡正欲南下。他从密州转知徐州已两年，又收到了朝廷的调令，将赴湖州担任知州。

舟过高邮时，他遇见了秦观(字少游，又字太虚)和佛门好友道潜(字参寥)。此时的秦观早已拜入了东坡门下，留下了“我独不愿万户侯，惟愿一识苏徐州”这一名句。于是三人同舟而行，一路卧看风雨，座谈诗佛。秦观发现老

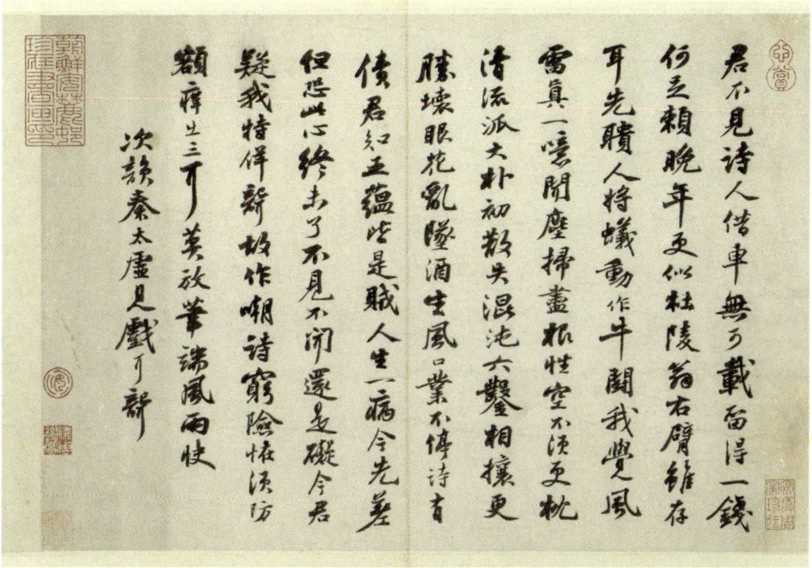

▲苏东坡手迹《次韵秦太虚见戏耳聋》。诗中“口业不停诗有债”成了他的人生谶语。

师似乎有点“选择性耳背”，于是作诗调侃。苏东坡看后大笑，写下《次韵秦太虚见戏耳聋》作为反击。

君不见诗人借车无可载，留得一钱何足赖。
晚年更似杜陵翁，右臂虽存耳先聩。
人将蚁动作牛斗，我觉风雷真一噫。
闻尘扫尽根性空，不须更枕清流派。
大朴初散失混沌，六凿相攘更胜坏。
眼花乱坠酒生风，口业不停诗有债。
君知五蕴皆是贼，人生一病今先差。
但恐此心终未了，不见不闻还是碍。
今君疑我特佯聋，故作嘲诗穷险怪。
须防额痒出三耳，莫放笔端风雨快。

苏东坡在诗中用幽默的笔触提醒秦观少逞笔墨之快，小心额头上长出三只耳，展现了师生之间亲密无间的关系。同时，他也承认了自己“口业不停诗有债”，似乎深谙“祸从口出”的道理，但其实此时的他并未觉察到人生中最大的危机已经逼近，还自信地说“我觉风雷真一噫”。这是他此行中第一次写下具有“诗谶”意味的诗句——“还债”的日子即将到来。

船至垂虹，县令关景仁、友人徐安中于桥亭中设宴款待。其时夕阳将逝，清风徐来，红波千万顷，太湖七十二峰隐约其间，邈若仙山，更有桌上银盘红尾，金齑玉鲙，众人诗兴大起，分韵述怀。

秦观作《与子瞻会松江得浪字》，开篇便是“松江浩无旁，垂虹跨其上。漫然衔洞庭，领略非一状”。随后更拿出了“山抹微云君”的手段，一句“离离云抹山，窅窅天粘浪。烟中渔唱起，鸟外征帆扬”，将垂虹之美，铺陈笔下。道潜也不甘人后，写下《吴江垂虹亭同赋得岸字》。诗中“倒影射遥山，青螺点空半”一句，道尽太湖群峰漂浮于水天之间的空灵寂静。而“破浪涌长鬐，排空度飞翰”一句，又为我们呈现出垂虹桥下风起云涌、飞鸟掠浪的动感。

主角苏东坡则贡献了两首七律，其诗云：

吴越溪山兴未穷，又扶衰病过垂虹。浮天自古东南水，送客今朝西北风。
绝境自忘千里远，胜游难复五人同。舟师不会留连意，拟看斜阳万顷红。

二子缘诗老更穷，人间无处吐长虹。平生睡足连江雨，尽日舟横擘岸风。
人笑年来三黜惯，天教我辈一尊同。知君欲写长相忆，更送银盘尾鬣红。

或许是因为身在垂虹，想起了已经去世的好友陈舜俞和张先，苏东坡在还算轻快的诗意中，加入了太多诸如“衰病”“绝境”“老更穷”“连江雨”这类“不祥”意味的言辞。诗人常常比普通人更为敏感，但即便如此，苏东坡也并没有意识到，垂虹桥上的这次欢聚，同样是一次告别——是他和他那段虽不尽如人意，但还算顺遂的人生阶段的告别。他在诗中吟唱的“贬黜”，其实只是一种自嘲和自赏，他此前的宦游经历，还远远及不上王禹偁“三黜而死”的遭遇。但垂虹桥上，“诗谶”再现，他即将开启折磨他、也锤炼他的真正“三黜”之旅。

到任湖州后，重返碧澜堂，睹物思人，苏东坡对五年之前的六客之会进行了一系列追思。首先是慰问了陈舜俞的家属，并写下了极为情深意切的《祭陈令举文》，对好友的才华给予了极高的评价，又对其一生仕途蹭蹬报以同情和不平，“将天既生之以畀斯人而人不用，故天复夺之而自使耶？”——在东坡心中，天纵奇才的陈舜俞并未去世，只是由于庸碌的人间当权者有眼不识，因而天帝又将其召回天庭自用了。

不久之后，苏东坡又前往张先旧居吊唁，看着“堂有遗像，室无留嬖。人亡琴废，帐空鹤唳”，想起了当年诗词唱和的欢悦和执手相送的离愁，他“酹觞再拜，泪溢两眦”，以泪研磨，写下了著名的《祭张子野文》。

我想，他在写下这两篇文章的时候，心中一定频频闪现垂虹桥上的欢聚，可是人生中最美好的时刻，都如松江之水，一去不回。

苏东坡到湖州之后，还写了那篇改变了他命运的《湖州谢上表》。此时荡漾在他心中的情绪极为复杂，有对新法的不满，对朋友怀才不遇的不平，以及自己有志难申的不甘。因而在向皇帝谢恩的同时，他说出了那句著名的牢骚之语——“知其愚不适时，难以追陪新进；察其老不生事，或能牧养小民。”这句话，成为乌台诗案的导火索。

所谓“乌台”，就是御史台，因为汉代御史台中有柏树，数千乌鸦栖息其上，故有此称。当时，御史台官员被苏东坡的文章激怒，接连上书弹劾，认为他在诗文中反对新法、攻击朝政、藐视君王。

北宋元丰二年（1079）七月二十八日，这位新任湖州知州被御史台拘押进京，投入大狱。而耐人寻味的是，诗案中苏东坡的头号劲敌，一心要将其置于死地的人，正是垂虹桥建造者李问之子——御史中丞李定。不知道苏东坡被捕北上，舟过垂虹之时，心中是何感想。

这一年的七月到十二月，苏东坡一直身陷囹圄，被政敌轮番审讯，一度以为性命难保，已给弟弟苏辙（字子由）留下了两首绝命诗：

圣主如天万物春，小臣愚暗自亡身。百年未满先偿债，十口无归更累人。
是处青山可埋骨，他年夜雨独伤神。与君今世为兄弟，又结来生未了因。

柏台霜气夜凄凄，风动琅珰月向低。梦绕云山心似鹿，魂惊汤火命如鸡。
眼中犀角真吾子，身后牛衣愧老妻。百岁神游定何处，桐乡知葬浙江西。

诗歌透露出了苏东坡对死亡的恐惧，心如乱撞之鹿，命如锅中之鸡；也展现出他对妻子、兄弟等人的眷恋和愧疚。“百岁神游定何处，桐乡知葬浙江西”，最后两句借用汉代官吏朱邑归葬桐乡的典故，表达了他盼望能够葬于江南的愿望。除了受到当地人民爱戴的原因外，或许他也希望能离张先、陈舜俞这些朋友更近一些吧。

但年轻的宋神宗并非真想要他的性命，无非是想借他的高名来警示众人，为新法的推行开路。在众多亲友的极力营救之下，十二月底，苏东坡等来了最终判决——他被贬为“检校尚书水部员外郎黄州团练副使”，正式开启了“三黜”之旅。

心别垂虹:永远铭记

如若能穿越时光,回到初贬黄州的时候,我们可能会怜惜于东坡的憔悴。他仿佛从轻歌曼舞的垂虹桥跌落进惊涛骇浪的太湖中,既要面对物质上薪俸断绝、居无定所的困苦,又要承受精神上举目无亲、友人疏离的孤独。

那时的苏东坡,一定会格外怀念垂虹桥上的那些诗、那些酒和那些人。因为在桥上向西眺望、举杯祝福的,都是患难与共、不离不弃的真朋友。于是,李公择来了,他以诗相慰,继而亲身相探,自此与东坡一生相扶携;参寥来了,他书信问候,更直赴黄州,即使未来岁月中因此而被迫还俗也无怨无悔;秦少游来了,他诗书齐发,义愤填膺又关怀备至,虽一生因老师而颠沛流离,却毫无怨言;杨元素来了,寄新作《本事曲子》宽朋友之心,始终视苏东坡如兄弟,直至其生命的最后一刻。

我想,如若张子野、陈令举、刘孝叔仍健在,他们也一定会来。他们会与所有爱苏东坡的人一起,用无与伦比的情义,给予低谷中的苏东坡以心灵的慰藉,也帮助他逐渐凝聚起走出生命暗巷的勇气。

北宋元丰四年(1081)十月十二日夜,苏东坡独坐临皋亭中,写下了《书游垂虹亭》一文:

> 吾昔自杭移高密,与杨元素同舟,而陈令举、张子野皆从吾过李公择于湖,遂与刘孝叔俱至松江。夜半月出,置酒垂虹亭上。子野年八十五,以歌词闻于天下,作《定风波令》,其略云:“见说贤人聚吴分。试问,也应傍有老人星。”坐客欢甚,有醉倒者。此乐未尝忘也。今七年尔。子野、孝叔、令举皆为异物,而松江桥亭,今岁七月九日,海风驾潮,平地丈余,荡尽无复孑遗矣。追思曩时,真一梦也。元丰四年十月十二日,黄州临皋亭夜坐书。

这篇真挚的短文，是苏东坡在心中的一次重温与告别。他与已经谢世的张先、刘述、陈舜俞再次作别，向多年不见的好朋友们隔空祝福，也和那座承载着他的诗锦酒瓢、他的悲欢离合、他的朋友与敌人的垂虹桥说声再见——它已经在七月的海风巨潮中荡然无存了。

但垂虹桥并没有死去，就像被贬谪到天涯海角，也总能归来的苏东坡一样，这座桥历经山川变化，风雨侵蚀，千百年间多次塌毁，但却总能重生。只是时间已让它面目全非，即便今天东坡重来，也一定是见面不识了。以石易木，让它变成了一座多了些稳重而少了些灵动的多孔石拱桥；水土消长，让它远离了太湖，再没有当年俯视苍茫之感；断桥景象，则是由从淤泥中挖出的桥梁残片重组而成——两段石桥隔水相望，像两只永远不会相握的手。

我常常徘徊于桥头水边，遗憾于那座最美桥亭的消失，那是苏东坡和他的朋友们演绎悲欢离合的人生舞台。直到有一天，我被一首诗带回了北宋元丰五年（1082）的黄州。

那时的苏东坡，已走出了阴霾。《定风波》词中那句“一蓑烟雨任平生”，颇能见其心境。这天，他接到了老友杨绘寄来的新诗：“仙舟游漾霅溪风，三奏琵琶一舰红。闻望喜传新政异，梦魂犹忆旧欢同。二南籍里知谁在，六客堂中已半空。细问人间为宰相，争如愿住水晶宫。”诗中充满了对往日垂虹桥上欢聚

的怀念和对多位故人离去的哀伤。

苏东坡读罢此诗，沉思良久，抬头望向太湖的方向，然后提笔写下了《次韵答元素》一诗：

不愁春尽絮随风，但喜丹砂入颊红。
流落天涯真有谶，摩挲金狄会当同。
蘧蘧未必都非梦，了了方知不落空。
莫把存亡悲六客，已将地狱等天宫。

不知道当年杨绘收到此诗是何感想。但当我反复吟诵诗歌的后四句时，忽然有了一种恍然大悟的感觉，心中的遗憾也就此释然。你自以为已经得到的，未必不是一场梦；而那些了然于心的，从来都不会是一场空。我知道那些朋友，那些欢聚，那些情义，并不会因死亡而消逝，他们会永远留在苏东坡的心中，不朽不灭。

▲传为赵孟頫所作的《垂虹秋色图》，现藏于美国大都会博物馆。

东坡归来：后六客词

正是在朋友们物质和精神的双重支持下，苏东坡撑过了黄州贬谪岁月，等来了生命的转机。年轻的宋神宗突然辞世，朝堂反转，旧党当政，苏东坡重归权力中枢。但他反对“尽废新法”，希望保留对国对民有利的部分，因此也遭到了同僚的攻击。夹在新旧两党之间的苏东坡，倍感煎熬，于是自请外任。

北宋元祐四年（1089），苏东坡再次来到江南，出任杭州知州。他的心中或许一直盼着有机会重温“六客词”旧梦，但也可能感觉无法面对老友们的凋零，因而一直等到了骊歌再起的时候，苏东坡才决定重登碧澜堂。北宋元祐六年（1091）七月，再次被召回朝的苏东坡，路过湖州，诸位友人随行相送，加上湖州知州张询，正好“六客”重现，而此时距离上次风雅无比的六客之会，已经过去了17年。

在新六客之中，张询，字仲谋，苏州吴县人，他跟苏东坡早有渊源。苏东坡被贬黄州时，知州徐大受对其颇为优待，而张询正是徐的妻舅。曹辅，字子方，苏东坡有诗《送曹辅赴闽漕》，其中名句“曹子本儒侠，笔势翻涛澜。往来戎马间，边风裂儒冠”，刻画极为生动。而其余三人刘季孙（字景文）、苏坚（字伯固）、张弼（字秉道），均为东坡的属下兼诗友。

又是六客相聚，但垂虹桥已不复存在，当年在垂虹亭中相会相知的其他五人，也已全部辞世，独留东坡，55岁的苏东坡已经成为新聚会上的“老人星”，这让他内心五味杂陈。主人张询请苏东坡为聚会题咏，于是他写下一首新的《定风波》：

月满苕溪照夜堂。五星一老斗光芒。十五年间真梦里。何事。长庚对月独凄凉。　绿鬓苍颜同一醉。还是。六人吟笑水云乡。宾主谈锋谁得似。看取。曹刘今对两苏张。

◀今天的垂虹断桥已经成为苏州市民喜爱的休闲去处，只是不知道人们是否还记得苏东坡与这里的深厚渊源。

在这首被后世称为“后六客词”的作品中，有想起当年六星同聚、如今只剩“长庚伴月”的凄凉感，有17年转瞬即逝、岁月如梦的恍惚感，也有绿鬓苍颜举杯吟笑的欢悦感。苏东坡还敏锐地发现了大家姓氏中的奥秘，巧妙地将众人比作青梅煮酒的曹操与刘备，以及纵横捭阖的苏秦与张仪，这与当年张先的“前六客词”形成了完美呼应。

我相信，诗中的“绿鬓苍颜同一醉”和“六人吟笑水云乡”，绝不仅仅说的是眼前之景和眼前之人，那当中也包括了张先、杨绘、李常、刘述、陈舜俞、秦观、道潜等人生友朋。苏东坡用最具仪式感的方式，完成了对生命中最珍贵情义的致敬。

默诵着前后六客词，我再度走上涅槃重生的垂虹桥，人间的车水马龙就从桥旁流过。此时此刻，我不仅不再遗憾于垂虹桥的残损和垂虹亭的消失，反而觉得这或许就是最好的安排。因为每个人都能在那残缺之处，绘制出自己心中那座独一无二的“虚亭”。在这座“虚亭”之中，苏东坡和朋友们的六客之会，将永远不会落幕！

祭陈令举文 〔宋〕苏轼

呜呼哀哉！天之生令举，初若有意厚其学术，而多其才能，盖已兼百人之器。既发之以科举，又辅之以令名，使取重于天下者，若将畀之以位。而令举亦能因天之所予而日新之，慨然将以身任天下之事。夫岂独其自任，将世之士大夫，识与不识，莫不望其如是。是何一奋而不顾，以至于斥，一斥而不复，以至于死。呜呼哀哉！天之所付，为偶然而无意耶？将亦有意，而人之所以周旋委曲辅成其天者不至耶？将天既生之以畀斯人而人不用，故天复夺之而自使耶？不然，令举之贤，何为而不立？何立而不遂？使少见其毫末，而出其余弃，必有惊世而绝类者矣。予与令举别二年而令举没，既没三年，而予乃始一哭其殡而吊其子也。呜呼哀哉！

祭张子野文

〔宋〕苏轼

子野郎中张文之灵曰：仕而忘归，人所共蔽。有志不果，日月其逝。惟余子野，归及强锐。优游故乡，若复一世。遇人坦率，真古恺悌。庞然老成，又敏且艺。清诗绝俗，甚典而丽。搜研物情，刮发幽翳。微词宛转，盖诗之裔。坐此而穷，盐米不继。啸歌自得，有酒辄诣。我官于杭，始获拥篲。欢欣忘年，脱略苛细。送我北归，屈指默计。死生一诀，流涕挽袂。我来故国，实五周岁。不我少须，一病遽蜕。堂有遗像，室无留嬖。人亡琴废，帐空鹤唳。酹觞再拜，泪溢两眦。

吴江垂虹亭同赋得岸字

〔宋〕道潜

蜿蜒跨长虹，吴会称杰观。沦涟几万顷，放目失垠岸。
倒影射遥山，青螺点空半。从来夸震泽，胜事无昏旦。
破浪涌长鬐，排空度飞翰。肺肝入清境，划若春冰泮。
安得凌九垓，从公游汗漫。

与子瞻会松江得浪字

〔宋〕秦观

松江浩无旁，垂虹跨其上。漫然衔洞庭，领略非一状。
怳如陈平野，万马攒穹帐。离离云抹山，窅窅天粘浪。
烟中渔唱起，鸟外征帆扬。愈知宇宙宽，斗觉东南壮。
太史主文盟，诸豪尽诗将。超摇外形检，语笑供颉颃。
㛹娟弃不追，拨刺亦从放。独留三百缸，聊用沃轩旷。

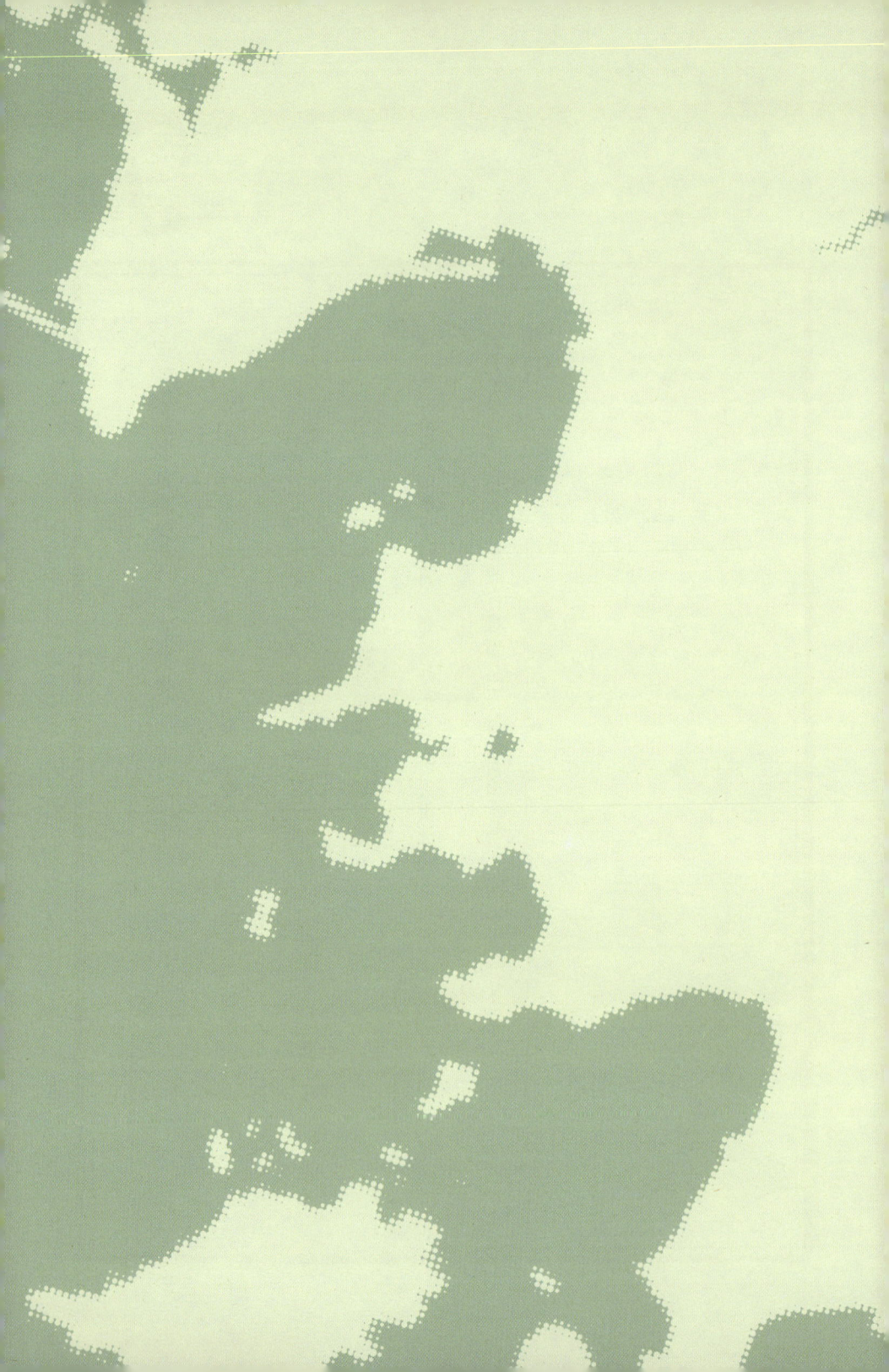

狮林花开

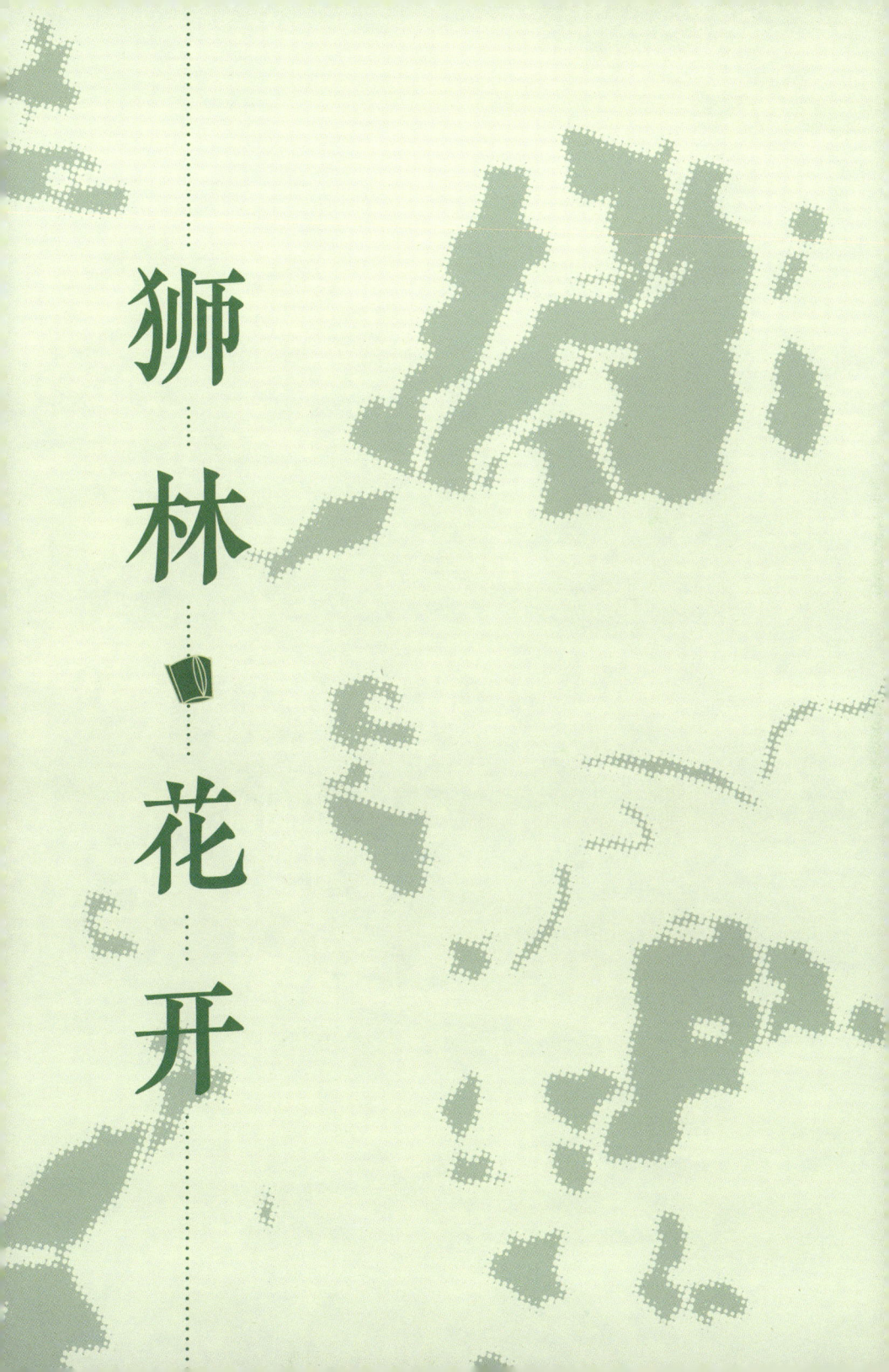

狮子林中千峰万壑，飞瀑一练，古木参天，夏荷冬梅，在游人不多的时候，确是洗心涤尘的绝好去处。我尤其喜欢园中《听雨楼法帖》的布置，70多块书条石随廊镶嵌，全园翰墨环绕，步步皆有书香。

这件法帖本来与狮子林并无直接关联，它是清代云南籍文人周于礼收集历代名家墨迹，整理汇编后刻石而成的。后辗转名士之手，最终于民国期间，被重修狮子林的“颜料大王”贝润生重金购得，镶嵌在这座古典园林的园壁之上，已有100余年。

清虚堂诗

我并非书家，因而赏析这些书条石的时候，首先着眼于语义而非书法。我觉得它们如同从时间上游寄来的书信，等待着有缘人解读出字句背后的故事。

作为苏东坡的乡人，他的墨迹总是最先吸引我的关注。暗香疏影楼下的一方书条石上，刻着苏东坡的《清虚堂诗》，题序清逸，感怀深重：

> 兴龙节侍燕前一日，微雪，与舍弟子由同访定国，清虚堂小饮。坐中，出近诗数十首，皆清绝，而五言尤奇。子由又言：与孙巨源辈同过定国，今几年矣，死生聚散，有足悲者。夜归稍醒，作此诗。明日燕殿门外，当以示定国。

诗作于北宋元祐元年（1086），苏东坡结束黄州流寓，返回京师朝堂之后，记录了他和弟弟子由、好友王巩的一次雅集。王巩，字定国，是宋初名相王旦的孙子，也是对东坡有知遇之恩的名臣张方平的女婿，他和东坡、子由相交甚笃，常有诗词唱和。

兴龙节，也就是皇帝宋哲宗的生日，在这天的前一晚，漫天细雪纷飞，苏

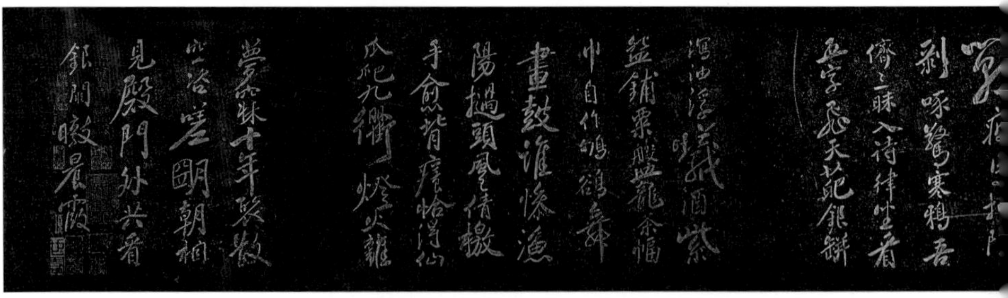

东坡和弟弟到访王巩清虚堂。朋友们清夜读诗、围炉饮茶，闻歌起舞、举杯怀人。在这如梦如幻的园林中，苏东坡又喝得大醉而归，夜中醒来，写下了这首《清虚堂诗》：

天风淅淅飞玉沙，诏恩归沐休早衙。遥知清虚堂里雪，正似薝卜林中花。
出门自笑无所诣，呼酒持劝惟君家。踏冰凌兢战疲马，扣门剥啄惊寒鸦。
吾侪三昧入诗律，坐看五字飞天葩。银瓶泻油浮蚁酒，紫碗铺粟盘龙茶。
幅巾自作鸲鹆舞，书鼓谁惨渔阳挝。头风已倩檄手愈，背痒恰得仙爪爬。
九衢灯火杂梦寐，十年聚散空咨嗟。明朝相见殿门外，共看银阙瞰晨霞。

读罢全诗，我的目光回到了其中两句——“遥知清虚堂里雪，正似薝卜林中花”，再没有移开。诗义不难理解，说的是清虚堂中积雪空明，仿佛薝卜花盛开一般。薝卜花，一般认为是白色栀子花，文人常称呼其为“禅友”“禅客”。它花开六瓣，有如雪花，唐代段成式的《酉阳杂俎》就说：“诸花少六出者，唯栀子花六出。”因而，它常常被诗人们用来比拟雪花。花色素雅、香味浓郁的栀子花也受到很多文人画家的青睐，如明代苏州著名画家陈淳，就留下了多幅经典的栀子花图。但此时此刻，这两句诗让我想到的，并非历代名画，而是狮子林的创建者——一代名僧天如维则。

狮子林始建于元至正二年（1342）。当年临济宗名僧天如维则的门人，为供奉其师在苏州城内买地筑园，园内怪石林立、竹影婆娑，遍地禅意。维则为了

▲狮子林暗香疏影楼下镶嵌的苏东坡《清虚堂诗》。

纪念他得道于天目山狮子岩的中峰明本，就将这座禅林命名为“狮子林”。

唐宋以降，江南僧人“尚诗”之风极为昌盛，尤其是禅宗重要流派之一的临济宗，一直有着浓厚的诗学传统。而天如维则正是当时杰出的诗僧之一。在狮子林建成之后，维则对园中诸景进行了吟咏，留下了一组14首《狮子林即景》，这些诗歌为我们展现了这座园林初建之时的面目。今天在园西北古五松园的厅堂内，还能看到后人补书的其中一首：

指柏轩中六七僧，坐忘忽怪异香生。
推窗日色暖如火，薝卜花开雪一棚。

又见薝卜花开！这也是我在狮子林中偶遇苏东坡《清虚堂诗》时内心讶异的原因。东坡诗里夜雪清冷，而维则句中暖阳如火；东坡诗里以花喻雪，而维则句中以雪比花。虽然诗意不同，但却都为我们展现出了“薝卜花开”这一冰清玉洁的禅意场景。

在狮子林中，薝卜花成了千古文宗和一代名僧的“信物”。他们以诗歌为舟，在各自的时间长河中

明代苏州画家陈淳所作的《栀子花》，画上有题诗："溽暑熏蒸苦昼长，葛巾葵扇竹匡床。花阴水气相撩处，可有人间白玉堂。"

漂泊了千百年之后，随着《听雨楼法帖》的落脚，终于在狮子林中相遇了。人生需要这样的相遇，不然会显得有些平淡；而园林也需要这样的相遇，否则便少了几分深邃。

禅林知己

这也许并非不期而遇，而是一次久别重逢。我猜想维则早已通读过苏东坡的诗歌，那句“薝卜花开雪一棚”或许便是对“坡仙”的致敬之语。

苏东坡的确就如这薝卜花一般，异香扑鼻，百代不绝。他和佛印了元、参寥道潜、径山维琳等禅宗高僧的密切交往和诗词唱和，早已成为文坛和佛门的佳话。就连维则的同宗祖师——一代高僧大慧宗杲，也深受其影响，甚至被称为“东坡后身”。

而苏东坡和苏州佛门的关系也非同一般，他在苏州报恩寺留下了诸多典故。当报恩寺重造佛塔时，他不仅将自己平日盛放私印的“铜龟子”连同印章一起捐出，还写下了著名的《舍铜龟子文》：

> 苏州报恩寺重造古塔，诸公皆舍所藏舍利。予无舍利可舍，独舍盛舍利者，敬为四恩三有舍之。故人王颐为武功宰，长安有修古塔者，发旧葬，得之以遗予，予以藏私印。成坏者有形之所不免，而以藏舍利则可以久存，藏私印或以速坏。贵舍利而贱私印，乐久存而悲速坏，物岂有是哉！予其并舍之。

文中那句“贵舍利而贱私印，乐久存而悲速坏，物岂有是哉”，颇引世人深思。而当报恩寺水陆禅院住持之位空缺的时候，苏东坡又提笔写成《苏州请通长老书》，并邀请他的朋友法通禅师前来主持。这位法通禅师身世传奇，原是成都一名风雅进士，后皈依佛门，驻锡吴中，苏东坡曾为这位四川老乡写下过一首绝句：

欲识当年杜伯升，飘然云水一孤僧。
若教俯首随缰锁，料得如今似我能。

《东坡全集》中还保留着他给法通的9封书信，从信中可知僧俗两人常常互致问候、互赠礼物，交往极深。

苏东坡还与常驻苏州的诗僧仲殊结为了莫逆之交。元祐年间，苏东坡出任杭州太守路过苏州时，在姑苏台上看见了仲殊的题诗："天长地久大悠悠，你既无心我亦休。浪迹姑苏人不管，春风吹笛酒家楼。"苏东坡大为赞赏，遂与仲殊结为诗友。仲殊是一个比法通还传奇的人物。陆游在《老学庵笔记》中对仲殊的经历有过记载："殊少为士人，游荡不羁。为妻投毒羹胾中，几死，啖蜜而解。医言复食肉则毒发，不可复疗，遂弃家为浮屠。"这位出家之前因为到处耍帅而险些被老婆毒死的仲殊，从此以蜜为解药，并自创"蜂蜜火锅"，即便吃寻常的豆腐、面筋等食物，也都要在蜂蜜中涮着吃。跟他一起吃饭的朋友"多不能下箸"，只有东坡也性喜食蜜，"能与之共饱"，还专门为其创作了《安州老人食蜜歌》，流传后世。

这样的渊源和传奇，更加深了吴地僧人对苏东坡的崇敬之情。与维则几乎同时代的另外一位吴中诗僧——东皋妙声，就曾写下《东坡先生像赞》云："岷山峨峨，江水所出。钟为异人，生此王国。秉帝杼机，黼黻万物。其文如粟帛之有用，其言犹河汉之无极。若夫紫微玉堂，璃厓赤壁，阅富贵于春梦，等荣名于戏剧。忠君之志，虽困愈坚；浩然之气，之死不屈。至其临绝答维琳之语，此尤非数子之所能及也。"

这不仅仅是妙声的个人崇拜之语，它代表着包括天如维则在内的无数诗僧的心声。毕竟，对于热爱诗歌、热爱生命的人来说，谁不想拥有一个东坡这样的知己呢？

此心安处

细读东坡之诗，我忽然对清虚堂产生了极大的好奇。它应该和狮子林一样美吧，不然怎么能让东坡如此流连？虽然东坡的诗中没有明言园景，但我在其弟苏辙的《王氏清虚堂记》文中，见到了那座美丽的园子：

> 王君定国为堂于其居室之西，前有山石瑰奇琬琰之观，后有竹林阴森冰雪之植，中置图史百物，而名之曰“清虚”。日与其游，贤士大夫相从于其间，啸歌吟咏，举酒相属，油然不知日之既夕。凡游于其堂者，萧然如入于山林高僧逸人之居，而忘其京都尘土之乡也。

奇石环抱，翠竹掩映；都市之中，宛如世外；游于堂中，如入僧居。清虚堂与狮子林虽隔着数百年时光，但却何其相似！仿佛就是元代画宗倪瓒在他的《狮子林图》中描绘出的样子。

这座美丽园林和《清虚堂诗》一道，见证着苏东坡和王巩之间的情义。两人相识多年，在京城时便诗酒联欢，外放任职则诗词遥和。即便王巩受到苏东坡乌台诗案的牵连，被远贬广西宾州，两个孩子病死贬所，也没有影响到两人之间的感情。

北宋元祐元年（1086），应诏还朝的苏东坡与王巩在京师重聚。苏东坡发现，数年的贬谪生活并没有让好友变得憔悴，反而愈加面色红润，宛若少年，心中大惑不解。在清虚堂中一次聚会上，苏东坡向当年陪同王巩南行广西的侍妾宇文柔奴询问：“广南风土，应是不好？”柔奴回答：“此心安处，便是吾乡。”苏东坡大赞，继而挥毫创作出了《定风波·南海归赠王定国侍人寓娘》：

常羡人间琢玉郎。天应乞与点酥娘。尽道清歌传皓齿。风起。雪飞炎海变清凉。　　万里归来颜愈少。微笑。笑时犹带岭梅香。试问岭南应不好。却道。此心安处是吾乡。

“此心安处是吾乡”这句出自清虚堂的名句，不仅饱含了东坡对王巩、柔奴的敬佩和赞许，也成为他之后漫漫贬谪生涯中心底坚守的信条，陪他在一切逆境中活出滋味。

有趣的是，王巩在广西所得的儿子王皋，长大后成为南宋重臣。据说王皋年老退隐之后，居住在苏州相城的荻扁村，也就是今天苏州相城的太平老街。现今街上的王皋故居已修缮一新，作为纪念馆开放，延续着“清虚堂”和苏州的奇妙联系。

狮林雅集

就像清虚堂聚集了苏轼、苏辙等大批名士一样，狮子林在建立之后，也因为其清幽的环境、脱俗的文气，吸引了高启、王彝、张行、徐贲等骚人登山临水、诗词唱和。徐贲还特意描绘了《狮子林十二景》，诗画合璧，让观看者有身临其境之感。两座园林都成了各自时代中，文人们短暂避世的心灵家园。

高启，字季迪，号槎轩，又号青丘子，苏州人，元末明初最著名的诗人。高启极爱狮子林，他在《狮子林十二咏序》当中称赞这座园林：“清池流其前，崇斤峙其后，怪石巑岏而罗立，美竹阴森而交翳，闲轩净室，可息可游。至者皆栖迟忘归，如在岩谷，不知去尘境之密迩也。”他邀约朋友们雅集园中，诗酒忘归，就仿佛是清虚堂中的苏东坡。

高启跟苏东坡也确实有着奇特缘分，他在《赠钱文则序》中提到，跟苏东坡

▲元末明初江南画家徐贲所作的《狮子林图》中，翠竹掩映，湖石耸立。当年这里正是高启、徐贲等在苏文人们的雅集之所。

都生在丙子年。他曾在一幅东坡画像上留下这样的赞语：

> 或置诸銮坡玉堂，或放之朱厓黄冈。众皆谓先生之憾，余则谓先生之常。先生盖进不淫，退不伤，凌厉万古，麾斥八荒，而大肆其文章者也。

赞语极力颂扬了苏东坡在人生的高峰和低谷时，都没有迷失本心，用锦绣文章成就了传奇人生的豁达态度。但他也看到了东坡所经受的无穷磨难，决心以此为鉴，选择另一种人生——“余庸庸，虽不

▲今天的狮子林，假山布巧藏趣，林木葱郁藏幽，是苏州最著名的旅游胜地之一。然而，很少有人知晓这里还与苏东坡有着奇妙的缘分。

能致盛誉，亦不为诽谤者所及”，“蒙恩赐还，无投荒之忧”。他一生中两入幕府朝堂，但都因厌恶官场波诡云谲，迅速抽身，归隐吴淞江畔，沉醉于狮子林。

但高启可能并没有真正理解苏东坡“随缘而适”的人生哲学。在他所生活的时代，一个对当权者毫无作用的归隐者，他的“死”可能就成了他最大的“价值”。高启最终未能避祸，因作《府治上梁文》而惹怒朱元璋，被腰斩而死，年仅39岁。狮子林也从此失去了一个最好的歌咏者。

我常常避开人流，坐在狮子林的荷池边，眺望对面山岛竦峙、林木幽深，仿佛看见苏东坡、高青丘的身影，穿梭在每一帧诗情画意当中，他们正在演绎着人生中的悲欢离合。这时，我总有种特别的感觉：也许并不是贝润生偶然选择了《听雨楼法帖》，而是冥冥之中，东坡和他的朋友们，为他们的诗，为他们的清虚堂，选择了狮子林。

雪中观帖

苏东坡与黄庭坚、米芾、蔡襄并称“宋四家”，是宋代最好的书法家之一。而《清虚堂诗》是苏东坡借着酒力写成，楷、行、草三体并用，庄重、洒脱、狂放兼而有之，后人评价这件二百多字的作品：“应作二百多颗明珠观。”它一面世，就受到了文人们的追捧，数百年过去，依然热度不减，还促成了明代苏州文人之间的一次雅集。

那是明成化十八年（1482）十一月，天降大雪，天气清寒，京城一片银装素裹，翰林编修李杰（字世贤）想邀请好友、苏州同乡吴宽前来小聚，又担心其因雪大而推辞，就称刚刚得到苏东坡《清虚堂诗》真迹，特邀吴宽同赏。

吴宽，字原博，号匏庵，以状元身份开启仕途。吴宽是苏州文人在京城中的精神领袖，也是那个时代的头号“苏迷”，他在各个方面向偶像致敬，尤其是一手“苏体”字，几乎可以以假乱真。当他听说苏东坡《清虚堂诗》真迹出现，虽然心有猜疑，但还是冒雪前来。

李杰在书桌上慢慢打开“苏帖”，果然并非墨本真迹，而只是石刻拓本。吴宽并未生气，两人相视大笑，继而举杯共饮，在大雪之中仔细品味起苏东坡这帖“雪夜醉书”。之后吴宽诗情澎湃，以《清虚堂诗》之韵连赋两诗：

雪中李世贤招观东坡清虚堂诗真迹追次其韵

茫茫巨海流银沙，光分民舍并官衙。诗人说诗等说法，四坐缤纷天雨花。
寥寥小巷绝人迹，谁肯柱杖过吾家。曲中合沓失朱鹭，谷口联翩多白鸦。
青葱摇落上林苑，一夜乱缀琼瑶葩。故人相送定石炭，恶客好饮惟江茶。
清晨忽报有苏墨，折简邀看门频挝。形疑蛤蟆似曾压，技痒虮虱谁为爬。
料知刻本来广右，醉笔漫灭犹堪嗟。坐当大雪发长笑，新酒正热浮红霞。

是日往观果刻本盖世贤招饮恐客不至故绐尔乃复次韵

出门骑马踏雪沙，玉堂吏散成空衙。何人手剪吴江水，而我目眩梁园花。

客居长至叹寂寞，赖有东邻仙李家。试开泥尊香泼蚁，却笑石本光翻鸦。

清虚堂中事已往，妙墨零落随风葩。空肠啖尽元脩菜，渴吻煎彻庭坚茶。

诗成一纸来万里，峒石至今椎密挝。浓书铁把纯绵裹，深刻蟹上潮泥爬。

似人可喜非浪语，与客争观还共嗟。莫言此幅字漫灭，夜久屋壁飞晴霞。

在诗歌中，吴宽用“形疑蛤蟆似曾压”“浓书铁把纯绵裹”来描述苏东坡书法的特点。这两句诗不禁让我想起了有关苏东坡书法风格的一件趣事。一次苏门聚会上，苏东坡对黄庭坚说：“你最近写字虽然清劲，但笔势有时太瘦，有点像是树梢上挂了一条条的死蛇。”而黄庭坚则回答说：“我不敢随便议论您的字，但有时候也感觉笔势短浅，挺像是一堆被石头压扁了的蛤蟆。”师生两人相视大笑，都觉得对方说中了自己书法的特点。

其实“石压蛤蟆”“树梢挂蛇”这样的说法早在托名王羲之的《笔势论》中就已出现：笔势“不宜伤长，长则似死蛇挂树。不宜伤短，短则似踏水虾蟆”。而苏东坡和黄庭坚的独特笔势其实都是对前人陈规的一种突破，也正是因为这种突破，才成就了宋代书法的两座高峰。吴宽深知其中奥义，他在诗中

◀明代画家周臣所作的《匏庵诗意图》，描绘了明代文人吴宽及其友人在雪中共同欣赏苏东坡《清虚堂诗》的场景。

曾说："书形譬石压蟾蜍，俗人不识称墨猪。"明初书法界"台阁体"盛行，导致千人一面，丧失个性。而吴宽正是借助"学苏"，打破了"台阁体"对文化艺术以及个人心灵的禁锢。

也许当天的雪中雅集，情景交融，让人感觉时光飞逝，意犹未尽。第二天，李杰又拿着吴门著名画家沈周的《雪岭图》登门回访，请吴宽对画题咏。吴宽看着眼前雪图和窗外雪景，想着当年雪夜，东坡雪咏，不禁再起感慨，又用《清虚堂诗》诗韵写下第三首诗：

明日世贤持启南雪岭图索题复次韵

小径升堂新筑沙，退朝无事还私衙。谁移雪岭入我屋，老眼白日疑昏花。
坐游未觉足力倦，倏过野店仍山家。浅溪舟胶集冻鸭，空谷屐响翔饥鸦。
狂风入林一搅动，零落玉蕊兼珠葩。此时谁扫林下白，急欲往煮僧房茶。
忽然仰面见高寺，扣户还须持马挝。长安十年走薄宦，对此似将尘土爬。
西湖寻僧天欲雪，苏子故事今人嗟。清虚旧韵更可惜，捧砚独无王子霞。

诗歌引发了吴中文人的集体唱和，比如沈周就是在小舟之上看到了吴宽的三首诗歌，其时小雪纷飞，颇为应景，他以《清虚堂诗》诗韵追和一首：

十二月四日入郭小舟逼坐五客徐舜乐出吴太史所和东坡先生清虚堂诗一韵三篇末章有及余者时天作小雪亦即兴奉同一首

长河水落浮浅沙，舟小客众蜂喧衙。江天翳眼云作色，薄有雪意飘微花。
老夫抱病久不出，岁莫瑟缩难辞家。荒郊寒风吹湿苇，落雁接翅随翻鸦。
前林枯条颇封白，的历还疑梅著葩。蓬窗欲赏苦乏酒，觅火未便仍无茶。
舟人却信我固吝，妇翁枉事伦何挝。诗喉无奈渴少润，只累短发空搔爬。
清虚高韵不可借，聊且试笔开烦嗟。匏翁三篇况在侧，宛宛玉气生高霞。

而吴宽的朋友、苏州著名画家周臣，则依据这组雪诗，创作出了一幅绝美的《匏庵诗意图》。我借助它回到了500多年前那个大雪纷飞的冬日：清溪小桥，竹篱茅屋，苍松傲立，红叶残存，童子正在煎茶备酒，而吴宽和他的朋友们正在书斋内缓缓打开那幅《清虚堂诗》。我久久地盯着那画中的拓本，感觉它同狮子林壁间的书条石渐渐合二为一了。

园中之“园”

对我而言，《清虚堂诗》早已不是块简单的书条石，它是藏在狮子林中的园中之“园”。在那些清晨和黄昏，我独立诗前，就如同回到那座让苏东坡醉舞狂歌的清虚堂中。

“银瓶泻油浮蚁酒，紫碗铺粟盘龙茶”，我在那里品味着苏东坡中意的茶和酒；“幅巾自作鸲鹆舞，书鼓谁惨渔阳挝”，我在那里欣赏着苏东坡喜欢的舞和歌；“吾侪三昧入诗律，坐看五字飞天葩”，我在那里诵读着苏东坡赞赏的词和诗。

我在清虚堂中感受着苏东坡和弟弟子由，好友王定国、孙巨源的不朽情义——“九衢灯火杂梦寐，十年聚散空咨嗟。”世间应该再难找到哪句诗，能将生活的亦真亦幻、人世的悲欢离合以及诗人的感怀深重，表达得如此传神了吧？也再没有哪句诗，能如“此心安处是吾乡”一样，让人感觉到心灵平静的力量。

我也在清虚堂和狮子林的园景交错重叠之中，看见了高启、吴宽、沈周等苏州文人的生活和意趣，他们从苏东坡和他的诗歌、文章中汲取无限的养分，试图打破陈规，追求自由，塑造独一无二的自我。

我很珍惜这样的相遇和神游，因为每个人都需要有属于自己的清虚堂、狮子林和精神上的桃花源。人们在这里卸下伪装，做回自己；在这里释放压力，享受当下；在这里得到安慰，抚平创伤；也在这里找到勇气，继续前行，去遇见人生中最美的薝卜花开。

之逸迹，顾、陆、吴、卢、王、韩之遗墨，杂然前陈，赎之倾囊而不厌，慨乎思见其人而不得，则既与世俗远矣。然及其年日益壮，学日益笃，经涉世故，出入患祸，顾畴昔之好，知其未离乎累也。乃始发其箱箧，出其玩好，投以与人而不惜。将旷焉黜去外累而独求诸内，意其有真清虚者在焉，而未之见也。王君沉浮京师，多世外之交，而又娶于梁张公氏。张公超达远骛，体乎至道而顺乎流俗。君尝试以吾言问之，其必有得于是矣。』

王氏清虚堂记

〔宋〕苏辙

王君定国为堂于其居室之西，前有山石瑰奇琬琰之观，后有竹林阴森冰雪之植，中置图史百物，而名之曰『清虚』。日与其游，贤士大夫相从于其间，啸歌吟咏，举酒相属，油然不知日之既夕。凡游于其堂者，萧然如入于山林高僧逸人之居，而忘其京都尘土之乡也。

或曰：『此其所以为清虚者耶？』客曰：『不然。凡物自其浊者视之，则清者为清；自其实者视之，则虚者为虚。故清者以浊为污，而虚者以实为碍。然而皆非物之正也。盖物无不清，亦无不虚者。虽泥涂之浑，而至清存焉；虽山石之坚，而至虚存焉。夫惟清浊一观，而虚实同体，然后与物无匹，而至清且虚者出矣。今夫王君，生于世族，弃其绮纨膏粱之习，而跌宕于图书翰墨之囿，沉酣纵恣，洒然与众殊好。至于钟、王、虞、褚、颜、张

狮子林即景十四首（选三）〔元〕释维则

其一

鸟啼花落屋西东，柏子烟青芋火红。人道我居城市里，我疑身在万山中。

其四

指柏轩中六七僧，坐忘忽怪异香生。推窗日色暖如火，薝卜花开雪一棚。

其十二

林下禅关尽日开，放人来看卧龙梅。山童莫厌门庭闹，不是爱闲人不来。

苏州请通长老疏

〔宋〕苏轼

指衣冠以命儒，盖儒之衰；认禅律以为佛，皆佛之粗。本来清净，何教为律；一切解脱，宁复有禅！而世之惑者，禅律相殊，儒佛相笑。不有正觉，谁开众迷？成都通法师，族本缙绅，实西州之望；业通诗礼，为上国之光。爰自幼龄，绰有远韵。辞君亲于方壮，弃轩冕于垂成。自儒为佛，而未始业儒；由律入禅，而居常持律。报恩寺水陆禅院，四众之渊薮，三吴之会通。愿振法音，以助道化。所为者大，无事于谦。

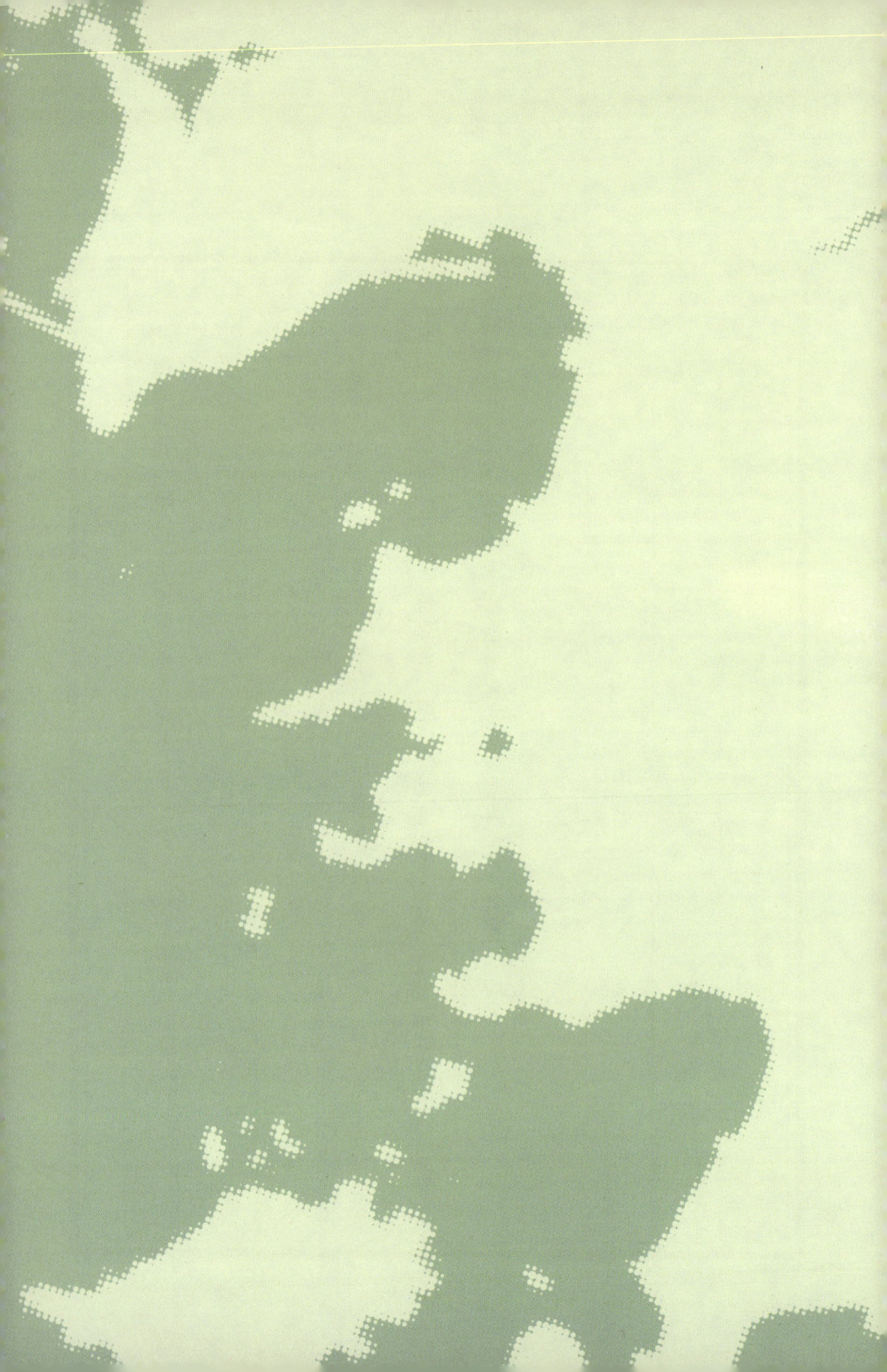

治平法帖

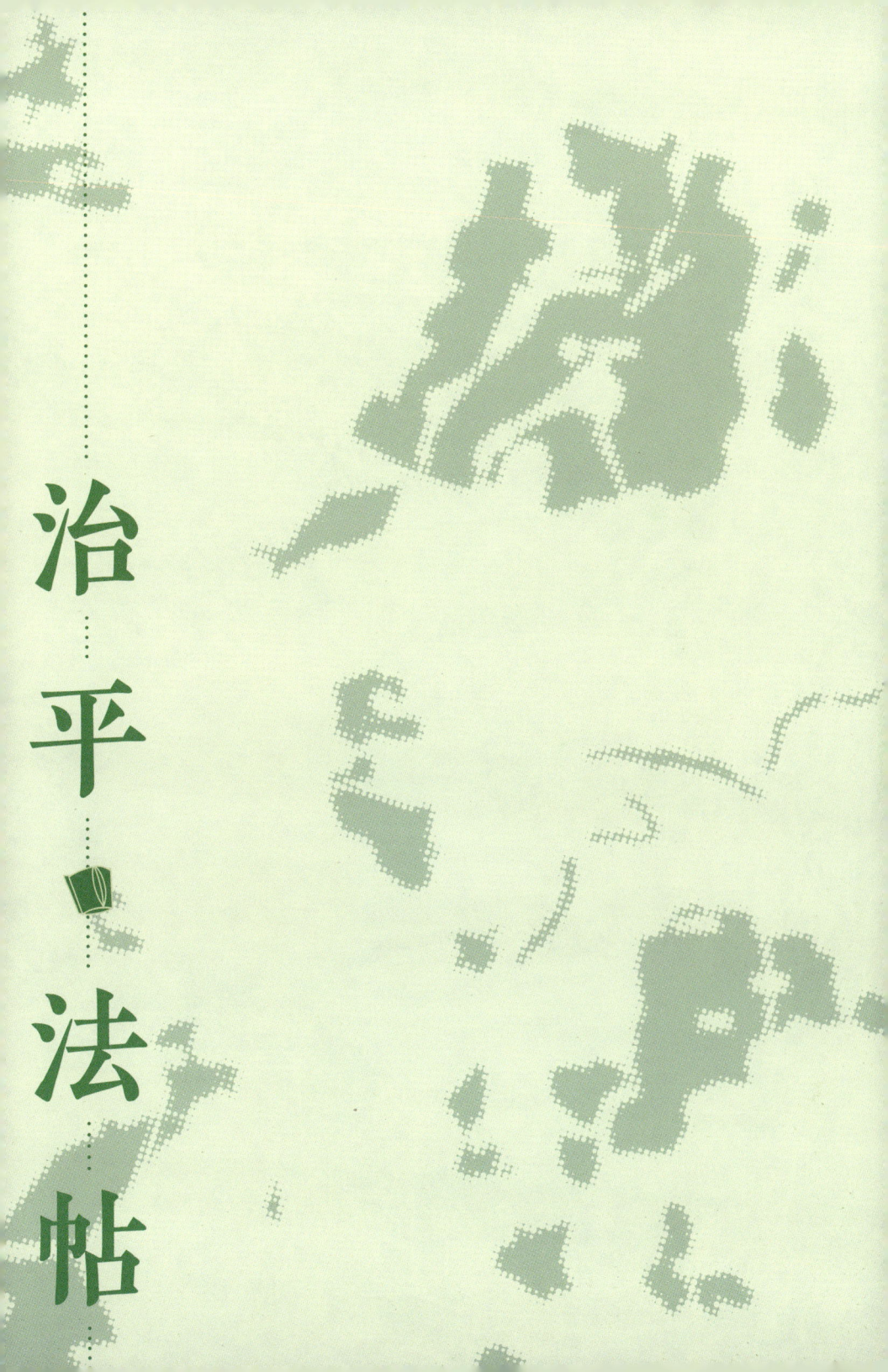

治平寺

姑苏城西南角，茶磨岭如蛾眉，石湖水似眼波，正是江南林泉佳处。古刹治平寺就坐落在这青山绿水之间。寺庙肇始于萧梁，殿宇肃穆，佛像庄严，一棵300多岁的银杏傲然独立，每至深秋，院内黄叶如海。与寻常寺院不同的是，治平寺一隅建有石湖草堂，是明代苏州城著名的“文化沙龙”，文徵明、唐寅、王宠等人常在此诗酒唱和，今天堂上依然能见到诸贤手迹，彰显着治平寺独特的书卷之意。而少有人知的是，这书卷之意中也有苏东坡的气息。

东坡书信传世间

一切的因缘，都起源于“治平”二字。

东坡一生，诗、词、文、书皆妙绝当世，只言片纸都为世人所宝，这其中就包括被称为《治平帖》的一件墨迹。2019年，我曾在故宫的“千古风流人物”苏轼主题特展之中，端详过此帖——它是近千年前，身在汴京的苏东坡写给乡僧的一封书信：

> 轼启。久别思念不忘。远想体中佳胜，法眷各无恙。佛阁必已成就，焚修不易，数年念经，度得几人徒弟。应师仍在思濛住院，如何，略望示及。石头桥、堋头两处坟茔，必烦照管。程六小心否？惟频与提举，是要。非久求蜀中一郡归去，相见未间，惟保爱之。不宣。轼手启，上治平史院主、徐大师二大士侍者。八月十八日。

当我看到东坡笔下的“思濛”二字时，倍感亲切，这是与我家乡青神县毗邻的眉州小镇，一条思濛河穿城而过，我少年时代常去这里看望我的大姑婆。思濛河紧挨着苏东坡的祖坟所在地修文镇，今天修文还保存着苏坟园，园中长眠着苏东坡祖父苏序等先辈。这应该就是东坡信中所说的“石头桥、堋头两处坟茔”中的一处，而另一处就是更为世人所熟知的短松冈了。

短松冈是苏东坡父母和妻子的墓园，在今天的眉山市东坡区富牛镇。身为“唐宋八大家”之一的苏洵、苏母程夫人、东坡妻子王弗都长眠在这里。当年苏东坡和苏辙两兄弟在墓园内遍植青松，寄托哀思。

王弗是苏东坡的结发妻子，青神县乡贡进士王方之女，16岁便嫁入苏家。今天，青神县岷江边的中岩寺里，还保留着苏东坡所书的唤鱼池摩崖石刻，以及他与王弗“唤鱼联姻”的美好传说：据说当年苏东坡在此读书时，王方让弟子们为中岩山中一处清池取名。此处群山环抱，碧水潺湲，游鱼格外亲人，若闻掌声，则结队而至。受此启发，苏东坡和王弗不约而同地写下了“唤鱼池”三个大字，也因此结下姻缘。如今依然有无数人来到这东坡初恋的地方，拍手唤鱼，追忆那段美好的爱情。

王弗天生聪慧，知书达礼，既能持家，又善谋划，是东坡最理想的贤内助。但遗憾的是天不假年，她仅27岁就离世了，这让苏东坡肝肠寸断，十年时光也未能疗愈内心伤痛。苏东坡于北宋熙宁八年（1075）写下千古流传的悼亡词《江城子·乙卯正月二十日夜记梦》：

> 十年生死两茫茫。不思量。自难忘。千里孤坟，无处话凄凉。纵使相逢应不识，尘满面，鬓如霜。　　夜来幽梦忽还乡。小轩窗。正梳妆。相顾无言，惟有泪千行。料得年年肠断处，明月夜，短松冈。

正是这样深厚的感情，让苏东坡不能忘怀，常常惦念，因而他专门写信委托眉山“治平院”的史院主和徐大师帮忙照看坟茔。我能隐约感觉到东坡藏在字里行间的深意：妻子王弗病逝于宋英宗治平二年（1065），父亲苏洵则在治平三年（1066）仙去。“治平”二字对于东坡而言，仿佛成了最亲近家人的归属。苏东坡找“治平院”僧人来代为看护，除了地理位置和熟识程度的考虑，又带有独特的纪念意味吧。

信中提到的“程六”是东坡舅舅程濬的儿子，也就是东坡的表弟程之元。程家世居眉山青神，今天我的家乡还建有苏母祠，以纪念程夫人养育了这一代文宗。而程家和苏家的关系极为微妙。苏东坡从小和表哥表弟一同玩乐长大，之后苏东坡的姐姐苏八娘嫁给表哥程之才为妻，两家亲上加亲本是好事，但苏八娘疑似受到婆婆虐待，一病而亡。苏洵伤心欲绝，从此断绝了和程家的往来。从东坡诗文集中可以看出，大概到了北宋元祐元年（1086），他和苏辙先恢复了和表弟程之元、程之邵的关系，苏东坡有《送表弟程六知楚州》《送程七表弟知泗州》等诗为证，而苏东坡传世墨宝中的另一件《春中帖》，就是北宋元祐七年（1092）时写给程之元的书信。但和表哥程之才关系的破冰，则要晚到苏东坡被贬谪惠州的时候，两人最终相逢一笑泯恩仇。

而眉州城外的那座名为“治平”的山野小庙，除了出现在苏东坡的笔下，再未现身历史，像一滴雨投入石湖。但奇妙的是，就在苏东坡写下这封信不久之前——北宋治平元年（1064），与眉州远隔千里的苏州楞伽寺，已悄然更名为“治平寺”，仿佛是为了东坡而变。

妙声题赞留治平

时间来到了元末明初，当年那封寻常家信，早已成为文人追逐的墨宝。人们爱东坡风流韵胜的书法，也爱他跌宕起伏的人生和“一蓑烟雨任平生”的洒脱。

此时的《治平帖》已从西蜀顺着时间之河，漂流至江南，先被著名书法家赵孟頫观赏并题跋，之后为著名的诗僧释妙声所收藏。释妙声，字九皋，苏州吴县人，他驻锡之地中正有石湖治平寺。在妙声留下的众多诗词中，有多首吟咏石湖山水之作，颇为清新，比如《过石湖怀心觉原》：

湖波摇曳木兰舟，山翠沾衣湿不收。浩荡群沤回白日，虚空一塔傲清秋。早春曾过松间寺，此日空瞻鹤外楼。最爱参寥好诗句，风蒲藕叶满汀洲。

我常常伫立在治平寺廊庑之下，想象着当年妙声在这里小心翼翼地展开那件法帖的情景，他细赏笔意，轻诵文字，读至帖上“治平”二字之时，停顿良久，面露不可思议之色。我相信，在那一刻，这位诗僧的心中，眉州的“治平”便是苏州的“治平”，西蜀的“史院主”便是江南的“声上人”，而这封信就是苏东坡隔着时间，送给他，送给石湖，送给这座城市的问候和礼物。

于是妙声重新装裱了手迹，在引首绘制了东坡像，帖上的东坡长身玉立，须眉已长，额头微蹙，有忧国忧民之意。妙声又在画像之后，用楷书一丝不苟地写下了《东坡先生像赞》：

岷山峨峨，江水所出。钟为异人，生此王国。秉帝杼机，黼黻万物。其文如粟帛之有用，其言犹河汉之无极。若夫紫微玉堂，璚厓赤壁。阅富贵于春梦，等荣名于戏剧。忠君之志，虽困愈坚；浩然之气，之死不屈。至其临绝答维琳之语，此尤非数子之所能及也。

这仿佛是一封写给东坡先生的回信，妙声在信中赞叹先生以雄文载大道、视富贵为浮云、变贬谪为奇游，浩然之气充溢人生，更赞赏其在临终之时展现出来的无人可比的豁达境界。

宋徽宗建中靖国元年（1101）七月二十六日，苏东坡已重病缠身。他的佛门好友径山维琳陪在他身边，以偈语问疾，苏东坡用《答径山琳长老》一诗作答：

与君皆丙子，各已三万日。一日一千偈，电往那容诘。

大患缘有身，无身则无疾。平生笑罗什，神咒真浪出。

苏东坡以“大患缘有身，无身则无疾”之句，表现了他对生死的淡然态度，也用“平生笑罗什，神咒真浪出”这样的句子，表达了他对一代高僧鸠摩罗什临终前“口出三番神咒，令外国弟子诵之以自救”的不屑之情。

时间来到宋徽宗建中靖国元年（1101）七月二十八日，苏东坡已进入弥留之际，维琳在他耳边大喊：“端明宜勿忘西方！”（端明殿大学士不要忘了西方极乐世界）。东坡答曰：“西方不无，但个里着力不得。”（西方净土不是没有，但在这里刻意追求是徒劳无益的。）门人钱世雄急道：“固先生平时履践，至此更须着力。”（先生平日尽心修行，到了这个时候更该全力以赴，以求往生极乐。）东坡答：“着力即差。”（勉强用力就不对了。）

这是超然一生并真正看破生死的苏东坡，留给世人最后的警语：着力即差。之后他心无挂碍地随风归去了。这是每天念佛修行、一生翻译佛经无数的鸠摩罗什都没有达到的境界，苏东坡用顶级的生活智慧，将对抗命运和随遇而安完美统一了起来，塑造出让后世可望而不可即的人生境界。

为了纪念这伟大的人生，纪念两座“治平寺”的相遇，以及苏东坡和这座城市的奇缘，妙声将法帖留在寺中，并刻石以传。我曾在今天的治平寺及周边仔细寻觅，只见古井微澜，残碑附壁，但终究没能找到那封“东坡来信”。我相信它只是隐入了时间的暗角，一定会在另一场奇遇之后，与我们相见。

冒雨赏帖心无憾

明成化十四年（1478）九月十二日，苏城大雨，石湖波浪滔天，画舫都躲回了港湾，却有一叶扁舟划破茫茫烟水，停泊在行春桥下。船中之人撑伞登岸，踩着泥泞的小路，直奔治平寺。他正是那个时候的头号“苏粉”、苏州士林领袖吴宽。他听说治平寺中藏有东坡真迹，立刻冒雨赶来。

寺僧亮禅师已经等在门口，他将吴宽迎入寺内斋房，奉上香茶，并亲自取来了当年妙声留下的《治平帖》。吴宽沐手展帖，逐字拜读，琢磨深意，临摹笔画，久久不愿释卷。之后，兴致不减的吴宽提笔写下了《跋东坡与蜀僧二帖》：

> 吴城西治平寺足庵房，旧藏苏长公墨迹。戊戌岁九月十二日，冒雨往观之，寺僧亮欣然出示。盖公二帖，皆与其先茔邻僧者也。帖尾惓惓焉有怀归之意，然公竟死葬于外，其言卒不克酬，亦可以发游宦者之叹。

题跋虽简短，却也包含了丰富的信息：《治平帖》原来包含了苏东坡给乡僧的两封信，可惜在流传过程中丢失其中一纸，之后再未出现在人间。吴宽是如此幸运，他或许就是见过此帖“合璧”状态的最后一个苏州文人。

而帖中作者所表露出来的“非久求蜀中一郡归去”的想法，也引发了常年宦游在外的吴宽的感慨。苏东坡虽有回乡之意，但最后或四处为官，或贬谪远地，最终病逝于常州，终其一生都没有实现《治平帖》中的梦想。而吴宽同样如此，自从身入京师之后，只有父母去世的时候，他才得以回到故乡。在年老多病之时，吴宽曾多次上书皇帝希望退隐江南，但最终未获允许，抱憾病逝于京城。但他也比苏东坡幸运得多了，叶落归根，葬于太湖之滨。而苏东坡却永远留在了中原，他的坟墓在今天的河南省郏县西北，一个他生前很可能都没有去过的地方。只有那里被称为“小峨眉”的两座山丘，或许能给予苏东坡和无数后人一丝慰藉。

吴宽鉴赏之后，治平寺僧未能守住这一珍宝，《治平帖》流落他处，辗转于文人商贾之手，后又奇迹般地回到了石湖之畔，被苏州文人张铨所收藏。我在吴江图书馆所藏康熙《吴江县志续编》中，找到了这位《治平帖》新收藏者的介绍：“张铨，字秉道，世居越来溪，为著姓”，其“文字清丽”，曾“选为胶州知州”，“迁南安府同知”，著有“《莼江存稿》二卷”。

越来溪作为石湖连通太湖的重要水道，时至今日，依然是苏州重要的地名。从小就生活在石湖之畔的张铨，能收藏到这件与自己家乡有奇妙渊源的东坡真迹，即便隔着数百年的时光，我也能感受到他当时的得意和兴奋。我还发现张铨与东坡的另外一个奇妙缘分——在苏东坡的诗友中，有一位叫张秉道（张弼，字秉道），两人多有诗词唱和，还曾在太湖之畔有一场欢聚——这一定会让张铨产生与“千古第一文人”隔空神交之感。

于是，他邀请了当时的艺坛领袖文徵明题跋于帖后。文徵明用一笔工整小楷，记录了张铨得宝的过程：“九皋既没，此帖转徙他所，而失其一。吾友张秉道世家石湖之上，谓是山中故实，以厚直购而藏之，俾余疏其大略如此”。虽然着墨不多，但我想，这寥寥数语，能让张铨之名附着于东坡之“骥尾”，与伟大的灵魂同行于天地之间，也足以慰其平生了。

同时，文徵明用书家之语，对此帖书法做出了评价：“公书少学徐季海，姿媚可喜；晚岁出入颜平原、李北海，故特健劲浑融。与此如出两人矣。”他认为此时东坡的书法因为学习唐代书法家徐浩，呈现出“姿媚可喜”的特色，而与晚年因为学习颜真卿、李邕而形成的“健劲浑融”的风格完全不同。

之后，文徵明用史家之笔，对《治平帖》的创作时间做了考证：“故定为熙宁时书无疑，于是公年三十有四年矣。”他确认这封家书写于北宋熙宁年间，彼时的京师，王安石变法已经如火如荼地展开，丧痛未愈的苏东坡，又陷入无边党争，抑郁不已，所以帖中才会出现“非久求蜀中一郡归去”这样的句子——如果世界纷乱总不如意，就让我回到最爱的人身边。

▲南宋古画《赤壁图》展现了苏东坡心灵突围的赤壁之游，这一题材已经成为中国绘画的重要母题。

徵明沐手补《赤壁》

作为那个时代的艺坛领袖和鉴赏专家，文徵明见过的东坡真迹远不止《治平帖》，《歙砚帖》《献蚝帖》《楚颂帖》《天际乌云帖》等都曾过手赏评，甚至部分法帖还能放于家中长时间观摩学习，这让他深谙苏字之精髓。

而文徵明真正拥有过的东坡真迹是现藏于台北故宫博物院的《赤壁赋》。《赤壁赋》这篇文章是苏东坡的代表作之一，其语言之洗练，境界之高远，为百世所仰视。赤壁，是耸立于湖北黄州长江岸边的一座绛红色小山，当因为乌台诗案被贬谪此处时，苏东坡政治失意，寄情山水，赤壁就成了他最喜欢去的地方。黄州五年，东坡不知道去了多少次赤壁，或泛舟于绝壁之下，或攀缘巉岩之上，留下了众多诗文，而每一篇经典都是逆境中的苏东坡的一次心灵突破。尤其在《赤壁赋》中，苏东坡以江水月色为喻，表达了“则物与我皆无尽也，而又何羡乎”的超然态度；而“江上之清风，与山间之明月”正是大自然所恩赐的宝物，苏东坡寄情其中，涤荡心灵，自得其乐。

苏东坡曾亲书多幅《赤壁赋》，但最终仅有一幅流传下来，可称文、字双绝，其分量远超其他手迹。文徵明也极为珍视，一生之中临摹书写《赤壁赋》不下百次，以此向这位讲究“我书意造本无法，点画信手烦推求”的宋代书法大家致敬。

但当文徵明收藏此帖的时候，卷首已经残损了数行。我猜想文先生早有“补帖”之意，但他还是按捺住心中所想，只是不断地品味摹写。终于，在他89岁之时，或许自感时日无多，才选在夏至日，焚香沐手，以东坡笔意，补书了缺失的共三十六字，恢复法帖旧观。这时距离他在苏东坡《治平帖》上题跋，已经过去了整整25年。

在《赤壁赋》卷后，文徵明还用工整的小楷讲述了补帖缘由：

> 右东坡先生亲书《赤壁赋》，前缺三行，谨按苏沧浪补自序之例，辄亦完之。夫沧浪之书，不下素师，而有极愧糠秕之谦。徵明于东坡无能为役，而亦点污其前，愧罪又当何如哉！嘉靖戊午至日，后学文徵明题，时年八十又九。

原来文徵明补帖是有先例可依循的。当年唐代书法大家怀素有狂草《自叙帖》传世，到北宋时，法帖卷首已经溃烂。沧浪亭主人苏舜钦是一代书法大家，

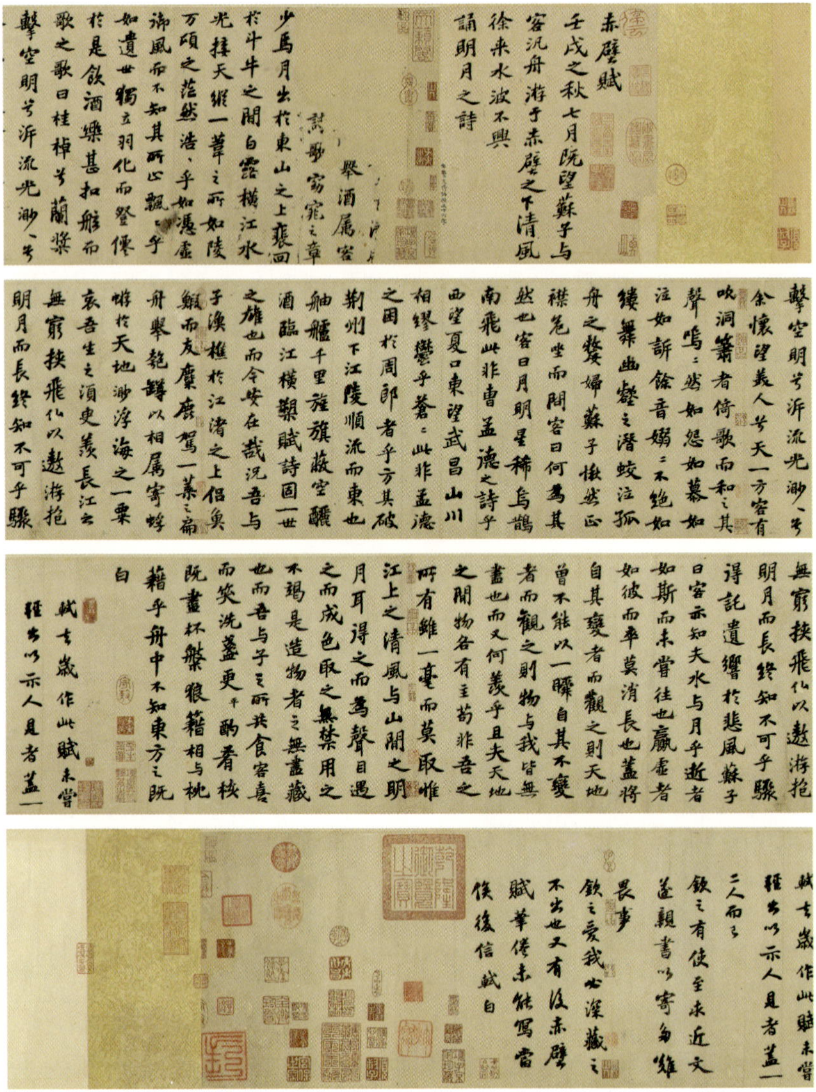

▲苏东坡手书《赤壁赋》，卷首由文徵明以东坡笔意补书。

他以怀素笔法为《自叙帖》补书六行，传为美谈。文徵明在题跋中谦虚地说苏舜钦和怀素书艺相当，而自己却与苏东坡有云泥之别，补书《赤壁赋》只是“点污其前”，心中愧罪不已。

数百年之后，我重观此帖，仿佛看到两个伟大生命在《赤壁赋》中的相遇，他们联袂为我们奉献了一幅旷世之作，也昭示着中华文化的前后相继。同时，我也感觉文徵明的话绝不仅仅是自谦，里面还包含着他对苏东坡的无限景仰。因为藏在《赤壁赋》字里行间的，不仅是高妙的书法，更是一个于人生逆境之中泛舟江海、寻找心灵自由的不朽灵魂。

便将石湖作长江

在补帖数月之后的“嘉靖戊午冬十一月廿日”，文徵明再一次书写了《赤壁赋》。可能他自己都不记得这是人生中第几次书写这篇文章了，但我知道，这是他最后一次以这样的方式向东坡致敬。三个月之后，苏州艺坛的领袖文先生，执笔而逝。

今天，在世界文化遗产环秀山庄的长廊中，还能看到刻有文徵明这最后一篇《赤壁赋》的书条石。虽然他在跋文中谦虚地说“夜寒不寐，篝灯漫书。纸墨欠佳，笔尤不精，殊不成字”，但整篇作品一气呵成，洒脱自然，笔下依然充满了生命的力量。

而与文书为伴的，是枝山道人祝允明的狂草作品《后赤壁赋》，其风格大开大合，纵横捭阖。祝允明一生科考不顺，年过五十，才以举人身份被选为广东惠州府兴宁县知县。祝允明以苏东坡为榜样，在当地缉捕盗贼、兴修水利，尤其重视文化教育，主持编修了《正德兴宁志》。其亲书的一万五千多字的手稿，今天还被珍藏在苏州博物馆中。祝允明在游览府城时留下《惠州西湖》一诗：“西寺东城两幅图，长虹脊畔小浮屠。杭州惠郡都游遍，醉眼时将作石湖。”在他的醉

▲千年之间，沧海桑田，黄州赤壁虽已远离长江之畔，但由于苏东坡和他的不朽诗文，这里依然是无数人顶礼膜拜之地。

眼中，惠州、杭州、苏州已经融为一体，不可分割了。

在两书的对面，便是苏州园林中最好的太湖石假山，由清代叠山大师戈裕良亲手建造。碧水环绕群峰，古松横斜于绝壁之上，虽然大小有别，但其意境的确能让人感觉仿佛置身于东坡泛舟所游之处。

我常常在想，文徵明如此不厌其烦地书写《赤壁赋》，一定是从这篇文章当中得到了某种生命的启示吧。他的一生和苏东坡一样，颇为坎坷，九次乡试不中，只能依靠朋友举荐，以贡生的身份入京，做了翰林待诏这一微末小官。他有很多时光应该都是在郁郁不得志中度过的。

而在这样漫无边际的人生逆境中，文徵明最需要的，也许就是像在黄州的苏东坡一样，找到自己的“赤壁”，让心灵突破困境，获得精神上的自由。从文

▲晚霞掩映之下的上方山和石湖。湖畔的石湖草堂曾是文徵明、唐寅、王宠等人诗酒唱和之处。

徵明的生命历程来看，我相信他一定找到了这样足以自遣的精神家园。

于是我仔细翻检了他的书画和诗文，惊讶地发现一个熟悉的名字极为高频地出现在他的作品当中——诗数十首，画十余幅，再没有其他地方能望其项背——这就是石湖，苏东坡《治平帖》曾两次停泊的地方。

在文徵明笔下，石湖和茶磨俨然便是那个能寄托他情志，消解其愁绪的长江和赤壁。

“宿雨初晴水拍天，碧云微敛日华鲜。时当黄菊茱萸候，秋在沧洲白鸟边。柳外画桥人似蚁，湖心兰棹酒如泉。携壶更醉湖山上，白发重逢又一年。”（《丁未九日与履约诸君同泛石湖就登上方》）——这是登临之意。

◀文徵明所绘的《石湖泛月图》。图上有作者题诗："爱此陂千顷，扁舟夜未归。水兼天一色，秋与月争辉。浦断青山隐，沙明白鹭飞。坐来风满鬓，不觉露沾衣。"

“烟敛吴山翠拥螺，重阳晴暖似春和。闲情已付青油舫，斜日轻摇绿玉波。桥外连钱游骑属，水边纨扇丽人过。黄花何处酬佳节，白鸟沧洲引兴多。”（《九日泛石湖》）——这是泛舟之乐。

“行春桥上月娟娟，杜若洲西宿画船。万镜不波天在水，四山沉影夜如年。已知世事皆身外，肯着闲愁到酒边。宛转清歌出林表，晚烟依约正苍然。”（《是晚过行春桥玩月再赋》）——这是赏月之趣。

“楞伽湖上晚风和，茶磨岩前宿雨过。士女竞浮青雀舫，野人自占白鸥波。春来花鸟闲情在，老去山林乐事多。办取一樽酬令节，扣舷聊和竹枝歌。”（《上巳日石湖小集》）——这是小聚之雅。

“江梅千树绕楞伽，记得临行尽着花。青子熟时应忆我，绿阴成处正思家。听莺此际堪携酒，烧竹何人共煮茶？几度扁舟梦中去，不知尘土在天涯。”（《怀石湖寄吴中诸友》）——这是久别之思。

而相比于诗，我更喜欢他笔下的那幅《石湖泛月图》，画上远山如眉，鹭鸟翩飞，石湖千顷，水天同色。一叶扁舟载着数人，从岸屿出发，正驶向湖心。此情此景，仿佛便是“苏子与客泛舟游于赤壁之下”。船首一人，最为醒目，他以手抚几，转头望向苍茫，我想他应该就是文徵明的自写自画了吧。

我不知道画中的文徵明在扣舷而歌，还是临风长啸。我也不知道他心中想起的是京城的岁月蹉跎，还是已逝去的唐寅、祝允明。但我知道，他头顶高悬着的，正是当年赤壁之上，映照着苏东坡的那一轮明月。

方其破荆州，下江陵，顺流而东也，舳舻千里，旌旗蔽空，酾酒临江，横槊赋诗，固一世之雄也，而今安在哉？况吾与子渔樵于江渚之上，侣鱼虾而友麋鹿，驾一叶之扁舟，举匏尊以相属。寄蜉蝣于天地，渺沧海之一粟。哀吾生之须臾，羡长江之无穷。挟飞仙以遨游，抱明月而长终。知不可乎骤得，托遗响于悲风。』

苏子曰：『客亦知夫水与月乎？逝者如斯，而未尝往也；盈虚者如彼，而卒莫消长也。盖将自其变者而观之，则天地曾不能以一瞬；自其不变者而观之，则物与我皆无尽也，而又何羡乎！且夫天地之间，物各有主，苟非吾之所有，虽一毫而莫取。惟江上之清风，与山间之明月，耳得之而为声，目遇之而成色，取之无禁，用之不竭，是造物者之无尽藏也，而吾与子之所共食。』

客喜而笑，洗盏更酌。肴核既尽，杯盘狼籍。相与枕藉乎舟中，不知东方之既白。

赤壁赋

〔宋〕苏轼

壬戌之秋，七月既望，苏子与客泛舟游于赤壁之下。清风徐来，水波不兴。举酒属客，诵明月之诗，歌窈窕之章。少焉，月出于东山之上，徘徊于斗牛之间。白露横江，水光接天。纵一苇之所如，凌万顷之茫然。浩浩乎如凭虚御风，而不知其所止；飘飘乎如遗世独立，羽化而登仙。

于是饮酒乐甚，扣舷而歌之。歌曰：『桂棹兮兰桨，击空明兮溯流光。渺渺兮予怀，望美人兮天一方。』客有吹洞箫者，倚歌而和之。其声呜呜然，如怨如慕，如泣如诉，余音袅袅，不绝如缕。舞幽壑之潜蛟，泣孤舟之嫠妇。

苏子愀然，正襟危坐而问客曰：『何为其然也？』客曰：『「月明星稀，乌鹊南飞」，此非曹孟德之诗乎？西望夏口，东望武昌，山川相缪，郁乎苍苍，此非孟德之困于周郎者乎？

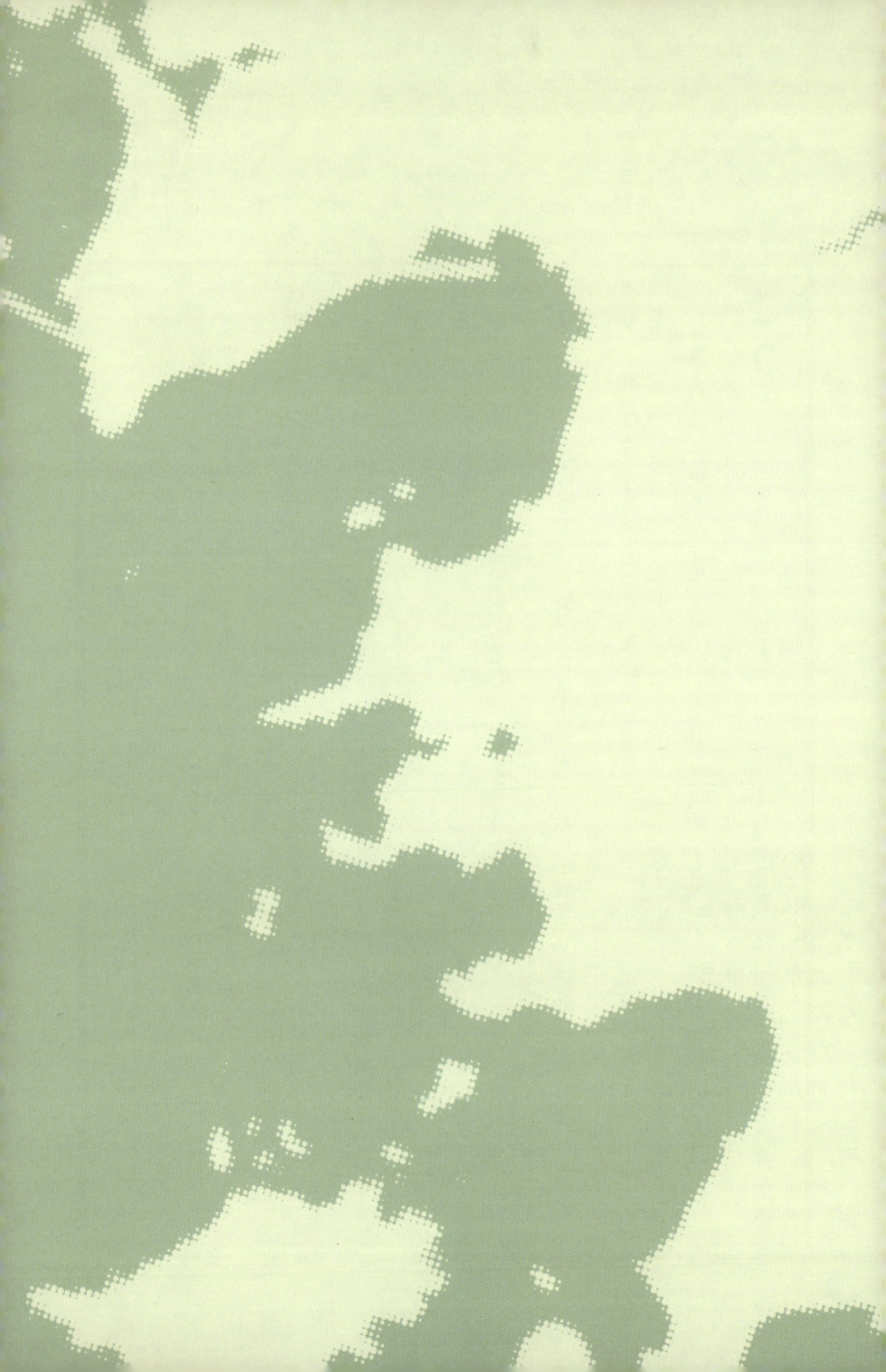

坡仙琴馆

坡僊琴館

怡园，是晚清文人顾文彬和其子顾承修筑的私家园林，建园时间较晚，博采众长，自成特色。还记得第一次走进怡园，是一个夏日的午后，园子里飘着淡淡的荷香。在玉延亭中欣赏董其昌书法，在四时潇洒亭外细读《玉枕兰亭》法帖，折而南行，忽然就遇见了“东坡”。

玉涧流泉

他被供在屋子西侧的墙上，看着身前人来人往，其容貌同双塔碑廊中的画像颇为相似。画像两侧配以对联“侧同仙人居，水木明瑟；遂存往古务，冬夏播琴”。联语分别以“琴”“瑟”作结，很显然是在暗示这栋建筑同东坡、同音乐有着某些神秘关联。

果不其然，转身便看见屋子东侧挂着“坡仙琴馆”的匾额，后面的小字题跋揭开了谜底：

> 昔贤谓：琴者禁也，所以禁客邪，正人心也。艮庵主人以哲嗣乐泉茂才工病，思有以陶养其性情，使之学习。乐泉顿悟，不数月指法精进。一日，客持古琴求售，试之声清越，审其款识，乃宋元祐四年东坡居士监制，一时吴中知音皆诧为奇遇。艮庵喜，名其斋曰“坡仙琴馆”，属予书之，并叙其缘起。同治八年退楼弟吴云。

题跋出自清代曾任苏州知府的听枫园主人吴云之手。当年怡园少主顾承，天资聪颖，但从小患有便血之症，身体虚弱。他是顾文彬的第三子，但由于两个哥哥在太平天国战乱中相继过世，顾承实际上成了顾家“长子”。为了帮助顾承陶情养性并治疗疾病，顾文彬令其学琴。顾承在琴道上颇有天赋，指法精进极快。恰逢有人兜售苏东坡在北宋元祐四年（1089）监制的古琴，顾氏父子惊喜莫名，视此为与名贤跨越百世的深厚渊源，便购下收藏，并把放琴之斋命名为“坡仙琴馆”。

在中国古代文人中，能被称为“仙”的，也就只有太白和东坡。太白是谪仙人，他由仙入凡，不走寻常之路，绣口一吐，便是半个盛唐，旁人难以效仿；而东坡是由凡入仙，历经苦难，最终渡海归来，成就道骨仙风，但仍保持着人间烟火气。以“坡仙”作为琴馆之名，不仅是致敬，更饱含期待。

顾氏父子得到的这把东坡琴有个极美的名字，叫作“玉涧流泉”，听起来颇有自由清雅之感。北宋元祐四年（1089）正是苏东坡逃离党争，出任杭州知州的时候，我想象着他就如同一道澄澈山泉，从新旧两党这两座大山之间奔流而出，直抵江南。心情畅快至极，因而制作了玉涧流泉琴，以抚弄心曲，一抒怀抱。

由于怡园曾被严重破坏，今天很多厅堂的风貌都与旧时迥异。我在坡仙琴馆中盘桓良久，总是感觉无论是东坡画像，还是陈设联语，都跟“玉涧流泉”这个名字所透露出的那种洒脱之感不太相符，所以我转向故纸堆中寻觅，果然在古书古画中见到了坡仙琴馆的本来面目。

筑屋藏琴宝大苏，峨冠博带象新摹。
一僮手捧焦桐侍，窠臼全翻笠屐图。

这是顾文彬之诗，诗后有自注：“园中坡仙琴馆，藏公手制玉涧流泉琴，并图公像。”这首诗清楚地告诉我，当年坡仙琴馆中的东坡像，峨冠博带，风流蕴藉，其后有童子捧焦桐古琴随侍，同清代苏州最流行的《东坡笠屐图》完全不同，显然是顾氏父子请名家为琴馆量身定制的。

而当年坡仙琴馆中的对联也别具匠心，其中一副为顾文彬自撰：“步翠麓崎

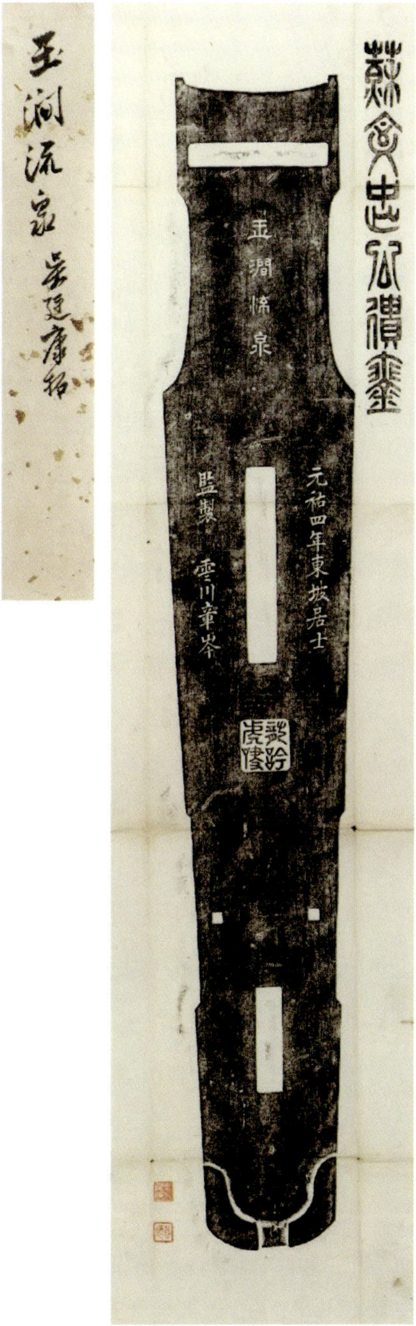

▶坡仙琴馆所藏“玉涧流泉”拓片,“元祐四年东坡居士”字样清晰可见。

岖，乱石穿空，新松暗老；抱素琴独向，绮窗学弄，旧曲重闻。”上联描摹怡园松石风貌，下联写出琴馆古曲新声，文辞雅顺。令人拍案叫绝的是，联中短句均从东坡诗词中采撷而来，暗合了与“坡仙”的旷世之缘。

今天的琴馆略显空荡，似无灵魂，显然是因为少了那把“玉涧流泉”。我在清代画家顾沄的《怡园图册》中找到了坡仙琴馆当年风貌，虽然画的是琴馆全景，但从敞开的大门中，一眼便能看到正中摆放着的那张东坡之琴。

据说这张琴早已随顾氏后人去了北京，今天藏于深宅，再难一见。但我还是从清人吴廷康的手拓影像中，看到了它在纸上的样子——这是一把仲尼式古琴，颈部正中铭刻“玉涧流泉”，龙池两侧分别是“元祐四年东坡居士”和“监制云川章岑”字样。龙池正下方另有一枚“龙吟虎啸”方印。除此之外，再无其他装饰和铭文。

其实，苏东坡很善于为琴作铭，常常写得极耐人寻味。他曾经给好友文同家的古琴写过一段很有趣的铭文：“攫之幽然，如水赴谷。醳之萧然，如叶脱木。按之噫然，应指而长言者似君。置之枵然，遗形而不言者似仆。”整首琴铭以琴喻人，生动有趣，让人忍俊不禁。

但他自己的琴，却是如此素雅干净，也许在苏东坡看来，琴就是他，自有诗文琴声载道，无须再画蛇添足了。我久久凝视着纸上的这张琴，耳边隐隐有流水之声响起。

人琴之感

顾承跟他父兄有所不同，并不热衷于功名，而是寄情于琴棋书画等风雅之事。他在书法上追崇颜真卿，在绘画上则临摹米友仁，并在此基础上形成了一定的个人风格。同时，顾承也精于鉴赏，顾家的过云楼成为晚清江南最著名的书画藏书楼之一，这同他独到的眼光和过硬的鉴赏力是分不开的。而“过云楼”这个名字正是源于苏东坡，他的《宝绘堂记》中有这样的话：“见可喜者虽时复蓄之，然为人取去，亦不复惜也。譬之烟云之过眼，百鸟之感耳，岂不欣然接之，然去而不复念也。于是乎二物者常为吾乐而不能为吾病。”顾氏希望借东坡之话，表明自己“寓意于物”但不“留意于物”的收藏态度。

得到“坡仙”之琴的顾承，很受鼓舞，不仅努力学琴，而且不断以琴悟道，展现文人士大夫之心。他将诗书画琴熔于一炉，邀请了俞樾、张之万等数十位知名的文人和画家，共同创作了《悟到琴心图册》，各自以诗画言志，一时传为佳话。比如苏邻园主人李鸿裔就写有《题顾骏叔承琴悟图》：

挂壁栖囊不解鸣，枯桐焦尾本无情。
愔愔夜共髯仙语，问是琴声是指声。

诗中又提到了“枯桐焦尾”，这本是跟苏州最有关系的天下名琴。《后汉书·蔡邕传》中记载：“吴人有烧桐以爨者，邕闻火烈之声，知其良木，因请而裁为琴，果有美音，而其尾犹焦，故时人名曰‘焦尾琴’焉。”这张由文人蔡邕从火中救出的“焦尾琴”，因为其身世之传奇和主人之高妙，成为后世文人们心中的第一名琴。

这首诗也让我想起了苏东坡曾写过的那首充满了哲理的《琴诗》：

若言琴上有琴声，放在匣中何不鸣。
若言声在指头上，何不于君指上听。

小诗显示了东坡对于弦与指、琴和人的关系的思考。李鸿裔正是化用东坡诗意，一方面暗示了顾承与东坡琴之间的关系，另一方面也反映了古琴是如何

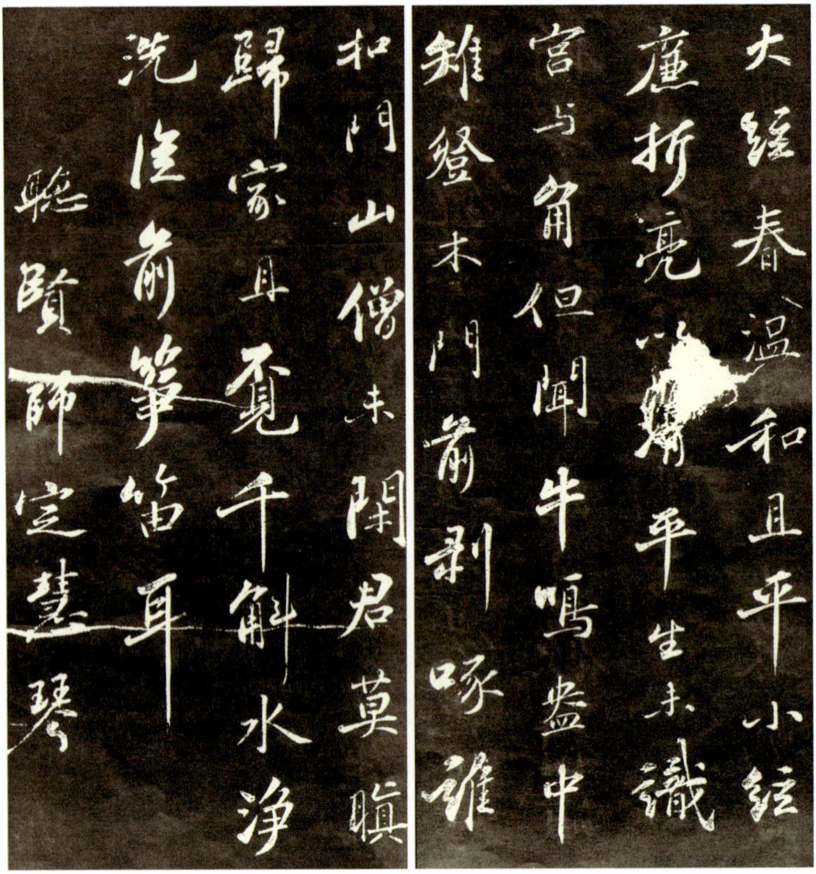

▲苏东坡手迹《听贤师定慧琴》，诗中隐藏着苏东坡与欧阳修的师生情和古琴缘。

促使文人们去思考人生的。很遗憾的是，古琴陶冶了顾承，促使他去思索悟道，并有珍贵的作品传世，但最终没有能够“治愈”顾承。在抚东坡琴十三载之后，50岁的顾承追随“坡仙”而去。顾文彬痛失爱子，心如刀割，写下了一百多首悼亡诗。在顾文彬的余生之中，坡仙琴馆一定是他想去但又不敢去的地方，而那张“玉涧流泉”，也只会发出让他肝肠寸断的声音。

顾氏父子的遭遇，让我不禁想起了苏东坡在《杂书琴事·欧阳公论琴诗》中记载的他与恩师欧阳修的往事：那时他还只是青年才俊苏子瞻，初下江南，路过颍州，专程看望恩师。闲谈之中，欧阳修问他："你觉得历史上哪一首写琴的诗歌写得最好？"那时的苏东坡对古琴的理解还比较浅显，回答说："应是韩愈的《听颖师琴》，诗中'昵昵儿女语，恩怨相尔汝。划然变轩昂，勇士赴敌场'等诗句写得极为精彩传神。"欧阳修却笑着说："这首诗字词奇丽，但写的应该是听琵琶的感受，而非琴诗。"显然，欧阳修认为古琴的特质在于其清微淡远，能发文人心底之声。这让苏东坡开始主动思索"文人琴"的真正内蕴和雅意。他遍寻名家，一洗"筝笛耳"，并新作《听贤师定慧琴》以示心得：

大弦春温和且平，小弦廉折亮以清。
平生未识宫与角，但闻牛鸣盎中雉登木。
门前剥啄谁扣门，山僧未闲君莫嗔。
归家且觅千斛水，净洗从前筝笛耳。

苏东坡本想带着这首琴诗前往恩师处共赏琴曲，不料欧阳修突然驾鹤西去。苏东坡的遗憾，很长时间内都难以平复。我想，即便在10余年之后，当他弹起新制的"玉涧流泉"时，那恨意依然会从琴弦之上流出。而800年后，这张"玉涧流泉"上，又叠加了顾文彬之恨。虽有师生、父子之别，但人琴之感，古今同慨。

怡园琴会

坡仙琴馆的西侧是石听琴室，因为室外有太湖石峰形似听琴老人而得名，是当年顾承练琴之处，其卷棚式屋顶据说可以让演奏效果达到最佳。现在也时

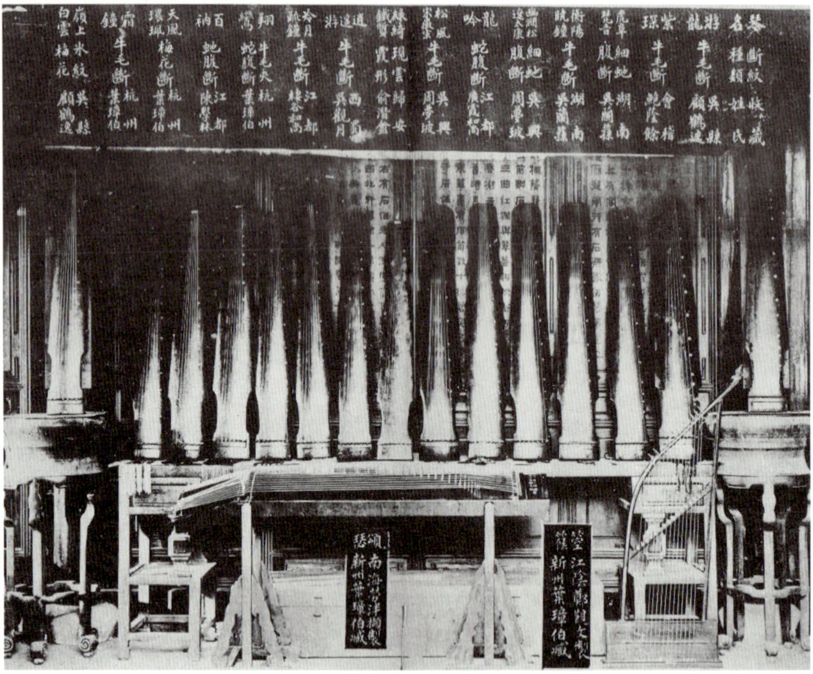

▲怡园琴会上琴师们所带来的名琴。遗憾的是，“玉涧流泉”并未现身其中。

常有古琴雅集在这里举行，我曾幸运地遇见过一场，站在窗外听了许久，不愿离去，仿佛屋内是东坡轻抚着那张“玉涧流泉”。

因为东坡琴的存在，怡园成为江南爱琴之人的圣地。民国八年（1919），顾承之子顾麟士和著名琴师叶希明共邀天下琴师，相聚怡园，兴继琴学。共有三十三名琴师来到了怡园，他们带来了各自珍藏的名琴，悬于素壁，琳琅满目，美不胜收，仿佛天下名琴都来朝拜那把曾随“坡仙”左右的“玉涧流泉”。琴会之后，古琴家李子昭绘制了《怡园琴会图》以纪念这一盛况，而叶希明更详细地记录了琴会过程，编成《会琴实纪》一书，让百年之后的我们依然能够

“按图索骥”，以书为导，找到通向那场优雅琴会之路的线索。

琴会是在怡园主厅藕香榭举行的，这里前临荷池，背倚石峰。池中曲桥三折，翠盖无数，四周树木修竹掩映。无数名琴高悬素壁，另有箜篌、古瑟相伴。来自扬州的广霞大师以一曲《梅花三弄》开琴会先声，有“宫廷第一琴师”美誉的李子昭以《雁过衡阳》令听众沉醉，随后《石上流泉》《风雷引》《平沙落雁》《阳春》等琴曲纷至沓来，让听众“应接不暇”。百年之后，我站在藕香榭的临水平台上，感受到风起于青蘋之末，仿佛依然能听到那清微的琴声飘荡于碧水白石间。

当然，所有人最为期盼的，是能亲耳听见那把苏东坡曾弹奏过的古琴上发出的玉涧流泉之音。但不知道什么原因，顾麟士并未在雅集上展示东坡琴，他拿出的是“游龙”和“岭上白云”两把古琴，虽然也很名贵，但还是让众人颇感失落。琴会之后，民族企业家、古琴爱好者周庆云在《怡园琴会图》上题写长诗，其中“元祐坡仙琴，惜未悬素壁”两句，道出了大家共同的遗憾。

也许是为了回应大家的疑惑，顾麟士也在图后留下一首诗，盛赞雅集，也邀请众人在月明夜静之时，再来邂逅东坡之琴。其辞曰：

雅道直追桓君山，史材广蒐朱乐圃。众中鲜品唐时弦，差喜蜀僧能语古。
山馆更藏坡仙琴，相对亦足涤烦襟。月明夜静倘无事，来听玉涧流泉音。

松石间意

除了“玉涧流泉”外，在坡仙琴馆中，其实还曾经有过另外一张古琴，也曾被后人认为是东坡旧物，那就是今天珍藏于重庆三峡博物馆中的“松石间意”。

这也是一把仲尼式古琴，琴面黑漆深沉，有蛇腹断纹。“松石间意”四字是指有松石之间的意趣，出自《宋书·萧思话传》：“尝从太祖登钟山北岭，中道

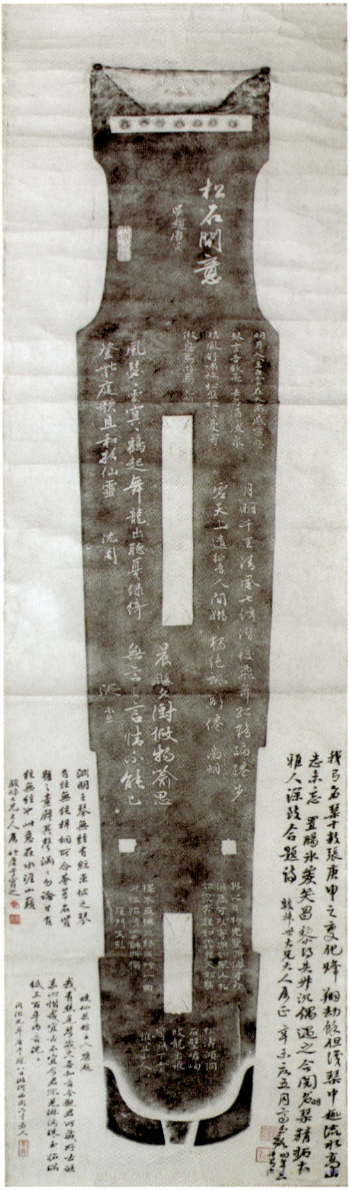

▲“松石间意”拓片，其上并没有“绍圣二年东坡居士”字样。

有磐石清泉，上使于石上弹琴，因赐以银钟酒，谓曰：相赏有松石间意。”

与“玉涧流泉”的质朴素雅不同，这把“松石间意”琴身底板上遍布铭文，明才子唐寅所题琴名，以及“绍圣二年东坡居士”字样赫然分列琴颈两侧。而琴身上留下的“坡仙琴馆”印痕，则记录着它与姑苏的旧缘。当我在博物馆中第一次见到此琴时，异常兴奋，仿佛在拜见东坡本尊。北宋绍圣二年（1095），苏东坡已被贬谪惠州，虽然生活窘迫，但食羊骨、啖荔枝，与朝云朝夕相伴，自得苦中之乐。我甚至闭目想象着，东坡正置身于群峰怀抱的松风亭中，耳听松涛，目送归鸿，轻轻抚动这把“松石间意”。

除了唐寅所书琴名，琴身上还留下了沈周、祝允明、文徵明、王宠等吴门才子的题刻，或许当年唐寅偶得此琴，召文友雅集同赏，向东坡致敬。众人于酒意琴声之中，纷纷留下琴铭：

祝枝山写的是“明月入室，白云在天。万感皆息，琴言告欢。飞飞去鸟，涓涓流泉。临风舒啸，抚松盘桓。消忧寄傲，息焉游焉”——这仿佛是“何妨吟啸且徐行”的东坡。

文徵明写的是“月明千里，清风七弦。潜蛟飞舞，孤鹤蹁跹。步虚天上，遗响人间。嫋嫋独绝，飘飘欲仙”——这仿佛是“我欲乘风归去”的东坡。

王宠写的是“松涛澒洞，石壁嶙峋，蛟龙出水，鸾鹤下云”——这仿佛是“泛舟游于赤壁之下”的东坡。

沈周写的是“风瑟瑟，云冥冥，鹤起舞，龙出听，戛绿绮，登紫庭，歌且和，招仙灵”——这仿佛又是“羽化而登仙”的东坡。

我曾一度沉迷于这张东坡琴所营造的绝美之境中——吴门才子和“千古第一文人”隔着时空，以琴声诗意相和。但这一切却最终被一张从顾氏后人家中传出的拓片击碎。在这张拓片中，我看见了当年入藏坡仙琴馆的那张“松石间意”，吴门才子们的铭刻都在，但应该写着“绍圣二年东坡居士”的地方，空空如也。

姑苏琴梦

“松石间意”像一个破碎的梦，但我并未因此而感到遗憾，因为苏东坡在诗文中留下了另一个真实而奇异的姑苏琴梦。

北宋元祐六年（1091）三月，也就是“玉涧流泉”做好两年之后，苏东坡被召回京城任职。旅途之中，他夜宿吴淞江上，忽然梦见了诗僧仲殊，正在弹奏一张有十三根弦的破琴，琴声颇为奇异。东坡问道：“琴何为十三弦？”仲殊以诗作答：“度数形名岂偶然，破琴今有十三弦。此生若遇邢和璞，方信秦筝是响泉。”第二天白天，在船舱中小憩的苏东坡又做了同样一个梦。梦醒之后，东坡觉得此梦颇有深意，就把这一琴梦记录下来，想抵达苏州之后，告知仲殊。但下笔未辍，仲殊已叩舷来访。

对于那首梦中琴诗，苏东坡一路没能解出其中奥秘。直到这年的六月，他

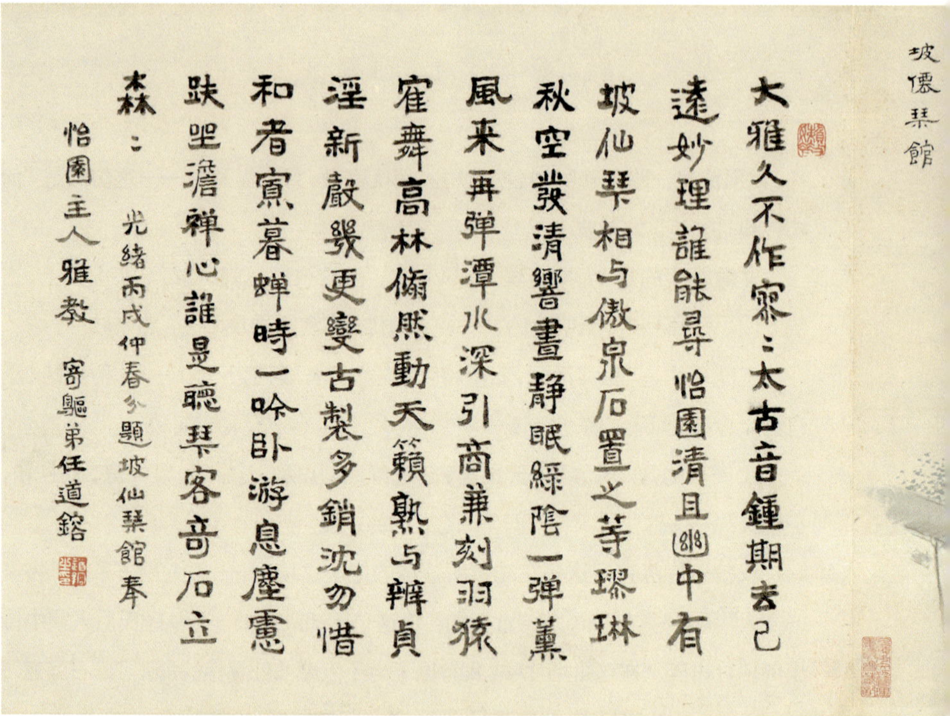

在京城老友家中看到一幅《邢和璞与房次律论前生图》。此画描绘的是唐朝时道士邢和璞与宰相房琯同游的故事：两人于古松之下掘出初唐大臣娄师德写给永禅师的书信，邢和璞引导房琯顿悟，使他相信自己前生就是永禅师。

画上的玄妙之事让苏东坡再次联想到了苏州梦中的奇异之诗，心有所会，提笔在画上写下《破琴诗》：

破琴虽未修，中有琴意足。谁云十三弦，音节如佩玉。

新琴空高张，丝声不附木。宛然七弦筝，动与世好逐。

陋矣房次律，因循堕流俗。悬知董庭兰，不识无弦曲。

苏东坡在字里行间赞颂了那张十三弦的古琴，虽然破旧未修，但音如佩

◀顾沄所绘《怡园图》中的坡仙琴馆。图左有晚年居住苏州的河道总督、书画家任道镕题诗："大雅久不作，寥寥太古音。钟期去已远，妙理谁能寻。怡园清且幽，中有坡仙琴。相与傲泉石，置之筝璆琳。……"

玉，弦声绕梁，远超时下流行的七弦琴。随后，他从说琴转为论人，痛斥了房琯纵容琴师董庭兰的行为。董庭兰就是高适《别董大》一诗中的董大，唐代著名琴师。《旧唐书》中记载："琯为宰相……听董庭兰弹琴，大招集琴客筵宴，朝官往往因廷兰以见琯，（董庭兰）自是亦大招纳货贿，奸赃颇甚。"房琯最终也因此受到弹劾。而对于琴艺精熟的董庭兰，东坡也表露出了他的蔑视。因为董庭兰这样的"艺人"，只知道以琴媚上而欺下，早已偏离琴道，不可能懂得"但识琴中趣，何劳弦上声"的"无弦之琴"所展现出来的真正的超然之境。

琴之好坏，并不在于琴弦的数量；而道之高低，并不在技艺的娴熟程度。姑苏一梦，引东坡深思，他以一首奇诗，写出"文人琴"和"艺人琴"的云泥之别，自然琴史留声。

无弦之琴

无弦琴，正是苏东坡心中琴道的最高境界。

这一典故来源于陶渊明。《晋书 · 隐逸传》记载陶渊明“性不解音，而蓄素琴一张，弦徽不具，每朋酒之会，则抚而和之，曰：‘但识琴中趣，何劳弦上声！’”从此以后，无弦琴成为一个意象，文人们常借此来表达自己远离世俗、淡泊功利、不役于物的内心境界。

而苏东坡正是陶渊明之后对“无弦琴”理解最深刻的人。尤其是在他被数度贬谪之后，在逆境之中生活，更体味到役物而不役于物的重要性——即便面对的只是一张无弦的破琴，他也要弹奏出最美的心曲。他将这些对琴道对人生的领悟都写进了“和陶诗”当中。被贬谪惠州之后，缺衣少食，生活窘迫，于是他写下了著名的《和陶〈贫士〉七首》，以唱和陶诗的方式，展现内心的安贫乐道。其中一首这样吟咏道：

谁谓渊明贫，尚有一素琴。心闲手自适，寄此无穷音。
佳辰爱重九，芳菊起自寻。疏巾叹虚漉，尘爵笑空斟。
忽饷二万钱，颜生良足钦。急送酒家保，勿违故人心。

虽然穷到了重阳佳节都没有酒喝的地步，但苏东坡依然不以为意；虽然在惠州已经没有知己可以互相交流了，但还可以跨越时光与陶渊明神游。他用“疏巾虚漉”“尘爵空斟”向“手挥无弦”的陶渊明致敬——即便落满了灰尘的酒杯中没有一滴酒，他也一样能体会到人生况味。

北宋绍圣三年（1096）二月二十一日，苏东坡“饮醉食饱”，默坐在白鹤峰下思无邪斋中，内观一世浮沉，如梦幻泡影。继而又有琴声和着陶渊明诗在耳边响起。良久，苏东坡睁开醉眼，写下名作《和陶东方有一士》：

怡园中银杏树及树荫下的面壁亭。当年园主常在此弹奏那把由东坡监制的"玉涧流泉"

瓶居本近危，甑坠知不完。梦求亡楚弓，笑解适越冠。

忽然返自照，识我本来颜。归路在脚底，殽潼失重关。

屡从渊明游，云山出毫端。借君无弦琴，寓我非指弹。

岂惟舞独鹤，便可摄飞鸾。还将岭茅瘴，一洗月阙寒。

我反复读着此诗，那些文字逐渐模糊，进而有苍古画境浮现其中，画中的东坡独坐桄榔树下，面对“无弦琴”，静坐“非指弹”。他已经将陶渊明的境界再往前推进了一步——连手挥琴弦的动作都不必了，心中琴声响起，他已如独鹤翩翩起舞，更随飞鸟羽化登仙，用月中清寒，洗却一身瘴疠。

就在这一刻，我突然明白了在当年的怡园琴会上，顾麟士不愿将“玉涧流泉”拿出来的原因。那是早已超越了材质和技艺的“坡仙”之琴，怎么能出现在熙熙攘攘的琴会之中呢？那是甚至不用弹起，相对便可“涤烦襟”的“坡仙”之琴，怎么能参与琴师们的竞技之中呢？某种意义上来说，那琴就是伟大的“东坡之心”，它确实只应该出现在“月明夜静”之时，或是有声，或是无声，诉说着不朽的心曲——就如同东坡自己的诗中所说的那样：

谡谡松下风，霭霭陇上云。聊将窃比我，不堪持寄君。

半生寓轩冕，一笑当琴尊。良辰饮文字，晤语无由醺。

我有凤鸣枝，背作蛇蚹纹。月明委静照，心清得奇闻。

当呼玉涧手，一洗羯鼓昏。请歌《南风》曲，犹作《虞书》浑。

欧阳公论琴诗

〔宋〕苏轼

『昵昵儿女语，恩怨相尔汝。划然变轩昂，勇士赴敌场。』此退之《听颖师琴》诗也。欧阳文忠公尝问仆：『琴诗何者最佳？』余以此答之。公言此诗固奇丽，然自是听琵琶诗，非琴诗。余退而作《听杭僧惟贤琴》诗，云：『大弦春温和且平，小弦廉折亮以清。平生未识宫与角，但闻牛鸣盎中雉登木。门前剥啄谁扣门，山僧未闲君莫嗔。归家且觅千斛水，净洗从前筝笛耳。』诗成欲寄公，而公薨，至今以为恨。

破琴虽未修，中有琴意足。谁云十三弦，音节如佩玉。新琴空高张，丝声不附木。宛然七弦筝，动与世好逐。陋矣房次律，因循堕流俗。悬知董庭兰，不识无弦曲。

破琴诗

〔宋〕苏轼

旧说，房琯开元中尝宰卢氏，与道士邢和璞出游，过夏口村，入废佛寺，坐古松下。和璞使人凿地，得瓮中所藏娄师德与永禅师书，笑谓琯曰：『颇忆此耶？』琯因怅然，悟前生之为永师也。故人柳子玉宝此画，云是唐本，宋复古所临者。元祐六年三月十九日，予自杭州还朝，宿吴淞江，梦长老仲殊挟琴过余，弹之有异声，就视，琴颇损，而有十三弦。予方叹惜不已，殊曰：『虽损，尚可修。』曰：『奈十三弦何？』殊不答，诵诗云：『度数形名本偶然，破琴今有十三弦。此生若遇邢和璞，方信秦筝是响泉。』予梦中了然识其所谓，既觉而忘之。明日昼寝，复梦殊来理前语，再诵其诗。方惊觉而殊适至，意其非梦也。问之殊，盖不知。是岁六月，见子玉之子子文京师，求得其画，乃作诗并书所梦其上。子玉名瑾，善作诗及行草书。复古名迪，画山水草木盖妙绝一时。仲殊本书生，弃家学佛，通脱无所著，皆奇士也。

武昌主簿吴亮君采，携其友人沈君《十二琴之说》与高斋先生空同子之文《太平之颂》以示予，予不识沈君，而读其书，如见其人，如闻其十二琴之声。予昔从高斋先生游，尝见其宝一琴，无铭无识，不知其何代物也。请以告二子，使从先生求观之。此十二琴者，待其琴而后和。元丰五年闰六月 〔宋〕苏轼

若言琴上有琴声，放在匣中何不鸣。若言声在指头上，何不于君指上听。

拟古

〔晋〕陶渊明

东方有一士，被服常不完。三旬九遇食，十年著一冠。辛苦无此比，常有好容颜。我欲观其人，晨去越河关。青松夹路生，白云宿簷端。知我故来意，取琴为我弹。上弦惊别鹤，下弦操孤鸾。愿留就君住，从今至岁寒。

洞庭春色

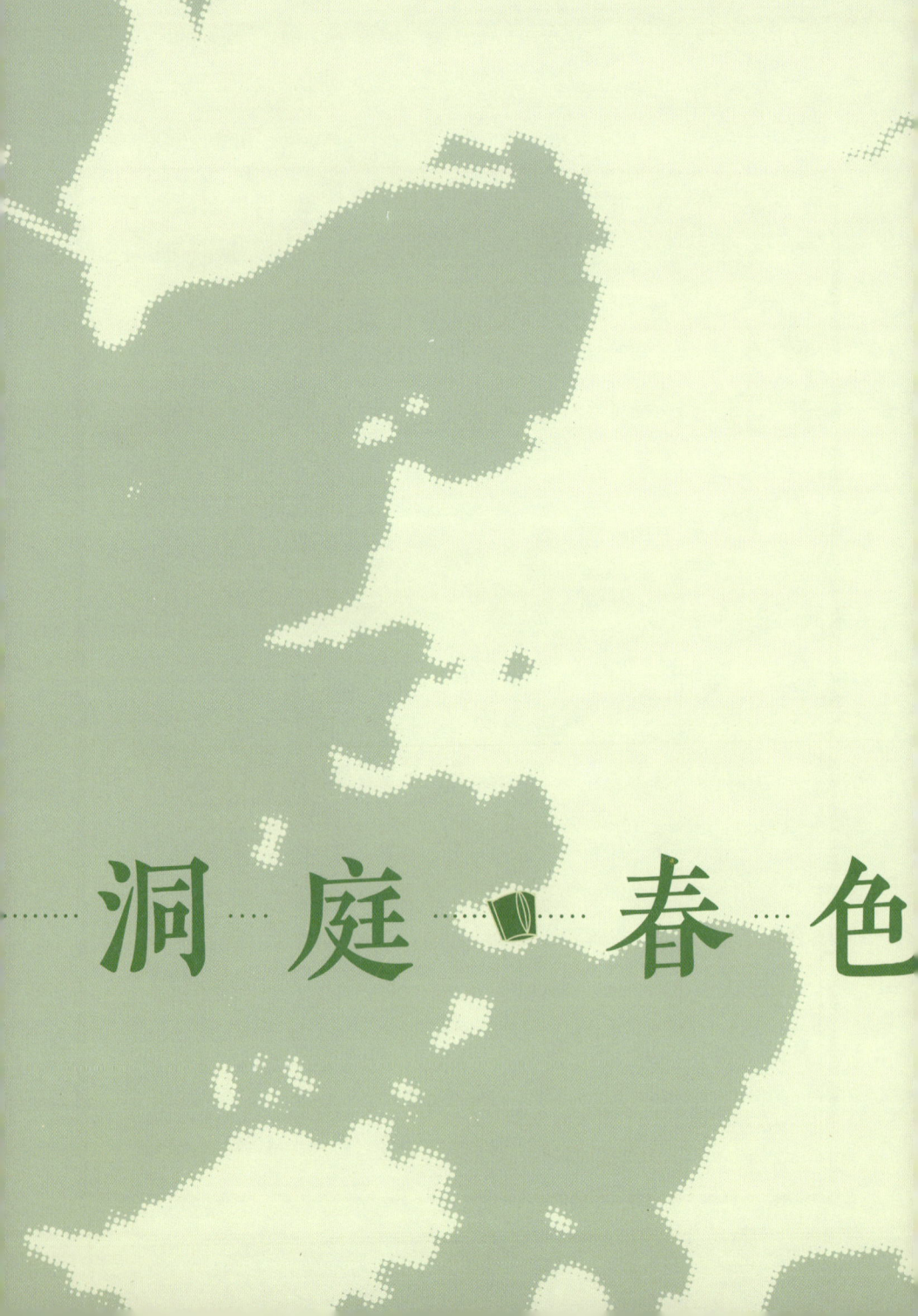

苏州太湖之畔，有小山，名渔洋，山顶有阁，可以俯视波澜。阁中挂着全国最大的玉漆雕壁画，描绘的是太湖秀色，画上文字赫然便是苏东坡名作《洞庭春色赋》。其词曰：

吾闻橘中之乐，不减商山。岂霜余之不食，而四老人者游戏于其间？悟此世之泡幻，藏千里于一斑。举枣叶之有余，纳芥子其何艰。宜贤王之达观，寄逸想于人寰。袅袅兮春风，泛天宇兮清闲。吹洞庭之白浪，涨北渚之苍湾。携佳人而往游，勤雾鬓与风鬟。命黄头之千奴，卷震泽而与俱还。糅以二米之禾，藉以三脊之菅。忽云烝而冰解，旋珠零而涕潸。翠勺银罂，紫络青纶。随属车之鸱夷，款木门之铜镮。分帝觞之余沥，幸公子之破悭。我洗盏而起尝，散腰足之痹顽。尽三江于一吸，吞鱼龙之神奸。醉梦纷纭，始如髦蛮。鼓包山之桂楫，扣林屋之琼关。卧松风之瑟缩，揭春溜之淙潺。追范蠡于渺茫，吊夫差之茕鳏。属此觞于西子，洗亡国之愁颜。惊罗袜之尘飞，失舞袖之弓弯。觉而赋之，以授公子曰："呜呼噫嘻，吾言夸矣，公子其为我删之。"

文中的"洞庭"，并非湖南省的洞庭湖，而是太湖的古称。古人习惯将"水穴潜通"者都称为"洞庭"。所谓的"洞庭春色"，也不是指太湖的春日胜景，而是一种美酒。古代本就常以"春"为酒的雅称，比如《唐国史补》中就记载有名酒"剑南烧春"和"石冻春"。

苏东坡出任颍州知州时，好友赵德麟请他品尝了一种由洞庭柑橘酿成的美酒，他极为喜欢，开怀畅饮，不觉大醉。于醉梦之中，他神游了苏州太湖：驾一叶扁舟，漂浮在无边无际的碧水之上，向着宛若海中仙山一般的包山划去。下

▲暮色中的太湖和岛屿，宛如苏东坡在《洞庭春色赋》中所描绘的那片仙境，同时也是诗人内心深处隐秘的精神避难所。

船登岛，苏东坡又毫无顾忌地叩响了“林屋洞天”的大门，终于得以与众仙人同游。他脚踏春水，卧听松风，吴越争霸之事浮现眼前：范蠡扬帆远去，夫差众叛亲离，西子愁容满面。苏东坡不由得于醉梦之中再度举杯，与古人共情。而等待他的，自然又是一场醉中之醉。

赋中提到的包山，就是苏州洞庭西山岛。站在渔洋山顶，便可以远眺岛上湖光山色，云蒸霞蔚，确实宛如仙境。与苏东坡神游之时不同，今天已有太湖大桥让岛陆相连。每个季节我都会驾车上岛，赏春之梅花烂漫，夏之荷叶接天，秋之橙黄橘绿，冬之玉树琼枝。只可惜世间已无“洞庭春色”，否则浅饮数杯，再登包山禅寺，游林屋溶洞，就仿佛跨越时空，与苏东坡同行。

洞庭春色賦

吾聞橘中之樂不減商
山豈霜餘之不食而四老
人者游戲於其間悟此世
之泡幻藏千里於一斑舉
棗葉之有餘納芥子其
何艱宜賢王之達觀寄
逸想於人寰嫋嫋兮春風
泛天宇兮清閑吹洞庭
之白浪漲北渚之蒼灣攜
佳人而往游勤霧鬢與風
鬟命黃頭之千奴卷震
澤而與俱還糅以二米之

文章之糾纏驚節解
而流膏嘻構廈其已遠
尚藥石之可曹收落用
於桑榆製中山之松醪
救爾灰燼之中免爾螢爝
之勞取通明於盤錯出
肪澤於烹熬與黍麥而
皆熟沸春聲之嘈嘈味
甘餘之小苦歎幽姿之獨
高知甘酸之易壞笑涼
州之蒲萄似玉池之生肥
非內府之蒸羔酌以癭藤
之紋樽薦以石蟹之霜

▲苏州洞庭东山的橘林，霜降之后，一片橙红。时至今日，洞庭之橘依然是苏州人秋冬时节最喜爱的果品。可惜的是，如今再无人能酿出昔日的"洞庭春色"了。

洞庭有黄橘

苏东坡如此钟情"洞庭春色"，并不仅仅因为酒中蕴藏有苏州太湖宛如仙境的浩渺烟波，也不只是由于它能让人想起吴越往事和才子佳人，还在于这酒是由洞庭黄橘酿造而成的。对苏东坡这样的文人来说，"橘"有着与众不同的生命意义。

这种非凡意义首先是由屈原赋予的。屈原曾在《九章·橘颂》中对橘进行了讴歌：

后皇嘉树，橘徕服兮。受命不迁，生南国兮。
深固难徙，更壹志兮。绿叶素荣，纷其可喜兮。
曾枝剡棘，圆果抟兮。青黄杂糅，文章烂兮。
精色内白，类任道兮。纷缊宜脩，姱而不丑兮。
嗟尔幼志，有以异兮。独立不迁，岂不可喜兮。

深固难徙，廓其无求兮。苏世独立，横而不流兮。

闭心自慎，终不失过兮。秉德无私，参天地兮。

愿岁并谢，与长友兮。淑离不淫，梗其有理兮。

年岁虽少，可师长兮。行比伯夷，置以为像兮。

在屈原的笔下，橘不再是山间野树，而是“世上君子”——其不仅外表俊逸，“青黄杂糅”“文章烂兮”“精色内白”，而且品格高洁，“独立不迁”“秉德无私”“行比伯夷”。屈原将橘树视为自己一生的师友和榜样，而他确实也如同橘一般，傲霜斗雪，矢志不移。从此以后，橘的意象中就有了屈原的影子，而举起“橘酒”就仿佛在与那位风华绝代的诗人同饮。

而在屈原颂橘600多年后，一位文人再次丰富了橘的内涵。今天台北故宫博物院中珍藏着一幅书法作品《奉橘帖》，被认为是书圣王羲之写给友人的一封简短书信：

奉橘三百枚，霜未降，未可多得。

大部分柑橘都要等到霜降之后，才会更黄更甜，但王羲之急切地想要将秋冬最好的物产与朋友分享。信中寥寥数语，笔走龙蛇，虽然词句简单，却蕴含了一片深情。自东晋以降，无数人在临摹书圣笔法的时候，也为这种情义所感动，于是橘的意象之中，又多出了脉脉温情。

这种朋友情义又被唐代著名诗人韦应物发扬光大。韦应物曾任苏州刺史，颇为关心民间疾苦，留下“身多疾病思田里，邑有流亡愧俸钱”的名句。卸任后，他寓居苏州永定寺，最终病逝于此，后世称之为“韦苏州”。曾有病中的朋友向韦应物求洞庭之橘，他想起《奉橘帖》中的事情，便写了《故人重九日求橘》一诗作为回信：

怜君卧病思新橘，试摘犹酸亦未黄。
书后欲题三百颗，洞庭须待满林霜。

虽然柑橘犹酸未黄，韦应物依然摘下一些相赠，并承诺在霜降之后，像先贤一样为朋友奉上三百枚洞庭之橘。相信他的朋友收到如此风雅的书信和礼物，心情必然大好，病痛也一定会随之痊愈。这诗和橘的感染力确实非常强大，数百年之后，依然令赏读此诗的苏东坡情不能自已，写下了《书韦苏州诗》一文：

> 世传王子敬帖，有“黄柑三百颗”之语。此帖乃在刘景文处。景文死，不知今在谁矣。韦苏州有诗云：“书后欲题三百颗，洞庭须待满林霜。”盖苏州亦见此帖也。余亦尝有诗与景文云：“君家子敬十六字，气压邺侯三万签。”

洞庭之橘所蕴含的君子之德和朋友之情，让苏东坡想起了已经逝去的老朋友刘季

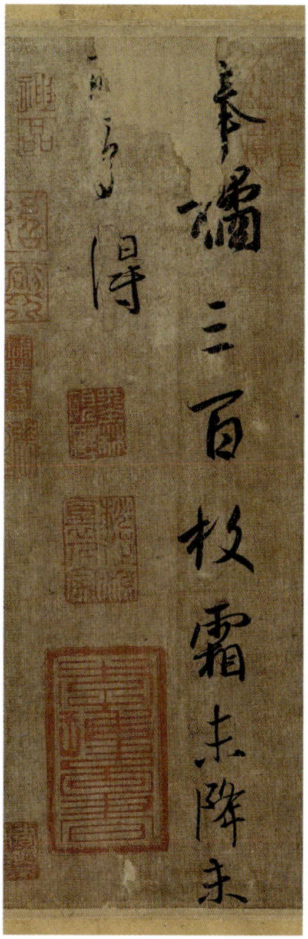

▲传为书圣王羲之所书的《奉橘帖》，笔意轻盈，布局灵动，展现出律动之美，历来被奉为书法至宝。法帖虽文字简约，却极大地丰富了橘的文化内涵。

孙。刘季孙，字景文，是名将刘平之子，与苏东坡为莫逆之交。其去世之后，家中无余物，妻子饥寒交迫，苏东坡不忍心看朋友家人流离失所，写下情深意切的《乞赙赠刘季孙状》，为其争取朝廷抚恤。

苏东坡曾在刘景文家中见过其收藏的《奉橘帖》，那时帖上共有十六字，比今天的残帖内容更为丰富，多出的四字或许正是“献之顿首”之类的作者留款，否则苏东坡为何在文中言之凿凿地认为此帖是王献之（字子敬）的作品呢？苏东坡推断当年韦苏州也见过《奉橘帖》，才能写出如此情义深远的诗句。行文至此，我忽然想起那首无比熟悉的《赠刘景文》：

荷尽已无擎雨盖，菊残犹有傲霜枝。
一年好景君须记，正是橙黄橘绿时。

此时此刻，我才真正读懂了这首诗，明白了为何“橙黄橘绿”是一年好景，也感受到了苏东坡赠与好友的一片深情：他以隐于橘后的屈原、王羲之、王献之、韦苏州等人来暗喻刘景文的品行和才气，也希望朋友能像橘一样，在饱经风霜之后迎来人生的丰收。

江南失楚亭

除了先贤的影响之外，洞庭之橘也确实符合苏东坡的口味。在出守江南的时候，他曾写有《浣溪沙·咏橘》一词：

菊暗荷枯一夜霜。新苞绿叶照林光。竹篱茅舍出青黄。
香雾噀人惊半破，清泉流齿怯初尝。吴姬三日手犹香。

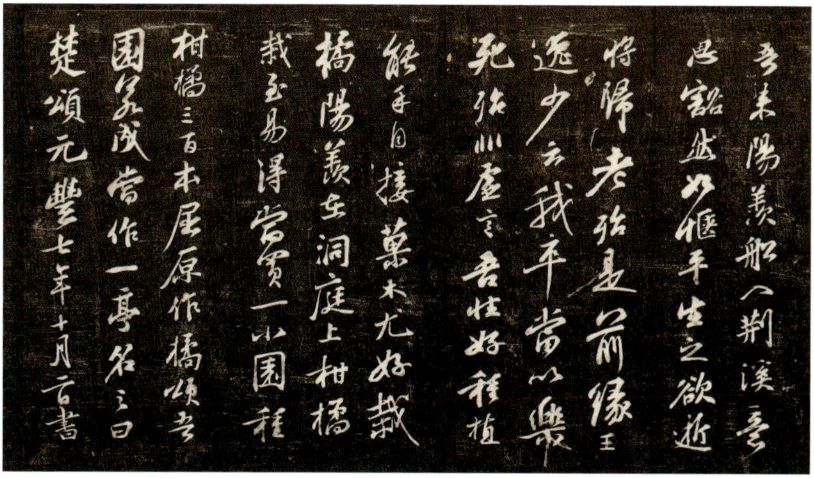

▲苏东坡手迹《楚颂帖》，字里行间展现着诗人种橘江南的梦想。

词中不仅盛赞江南之橘有青黄出竹篱的颜色、清泉流齿般的口感和经久不散的清香。尾句“吴姬三日手犹香”，更隐隐含有“赠人黄橘，手有余香”的寓意。

苏东坡不仅爱橘，甚至很早就有了隐居江南、与洞庭之橘相伴终老的计划。那是北宋元丰七年（1084），苏东坡结束黄州贬谪生涯，奉命“量移汝州”。于是，他沿长江东下，流连金陵，到访阳羡（今无锡宜兴），留下了著名的《楚颂帖》：

> 吾来阳羡，船入荆溪，意思豁然，如惬平生之欲。逝将归老，殆是前缘。王逸少云：“我卒当以乐死。”殆非虚言。吾性好种植，能手自接果木，尤好栽橘。阳羡在洞庭上，柑橘栽至易得。当买一小园，种柑橘三百本。屈原作《橘颂》，吾园若成，当作一亭，名之曰楚颂。元丰七年十月二日书。

帖中透露出苏东坡心底长居江南的愿望。他计划在太湖之畔买一小园，种三百棵橘树，再建一座名叫“楚颂”的亭子，以此来纪念屈原当年写下的《橘颂》，赋予橘树深刻的内涵。苏东坡的愿望如能实现的话，他就可以像偶像陶渊明一样，归隐田园，种橘采橘，朝夕与屈原、王羲之、王献之、韦苏州等名贤神游，举杯共饮“洞庭春色”，写下无数动人诗篇，为江南、为太湖再添一段佳话。

但他却两次与这样的生活擦肩而过。第一次种橘梦的破灭发生在北宋元丰八年（1085），苏东坡被重新启用为登州知州，旋即又调往京城，迈向了人生新境。第二次梦碎则是在苏东坡熬过了惠州、儋州的艰难岁月，渡海归来，决意终老江南之时，却突然染病，溘然长逝于常州——这里距他朝思暮想的洞庭橘园，只有咫尺之遥。

“平生所乐在吴会，老死欲葬杭与苏。”苏东坡不止一次在诗中倾诉终老江南之意，但世间终究没能等来他亲自种橘采橘酿造而成的那坛独一无二的“洞庭春色”。

东坡醉中醒

在诵读《洞庭春色赋》之时，我们常常会被“尽三江于一吸，吞鱼龙之神奸”这样的词句所表现出来的气势所蒙蔽，以为苏东坡是个“会须当饮三百杯”的酒中豪杰。但其实，苏东坡的酒量很浅，只是一名“又菜又爱”的贪杯者。

苏东坡在《书〈东皋子传〉后》一文中自曝了自己的酒量。东皋子就是唐代著名诗人王绩，因极喜饮酒，被称为“斗酒学士”。苏东坡在看过王绩好酒之态后，禁不住也说起了自己与酒的故事：

> 予饮酒，终日不过五合，天下之不能饮，无在予下者。然喜人饮酒，见客举杯徐引，则予胸中为之浩浩焉，落落焉，酣适之味，乃过于客。闲居，未尝一日无客；客至，未尝不置酒，天下之好饮，亦无在予上者。

文中的“合”，是古代的一种容量单位，大约相当于现在的一百毫升。而宋代所喝的酒大多是酒精度在六至十五度的酿造酒，与现在啤酒的度数相近。由此可以推知，苏东坡的酒量确实极小，一天喝相当于现在一瓶啤酒的量就算是超水平发挥了，所以他自认为是“天下最不能饮之人”。但他又偏偏特别享受饮酒之乐，即便只是看着别人“举杯徐引”，他心中也会感觉“巴适得很”，所以苏东坡又自称为“天下最好饮之人”。

苏东坡虽然酒量不大，但确实把握住了饮酒之趣，就是那种微醺感。所以他饮酒的时候往往都是“我饮不尽器，半酣味犹长”，力求让自己进入一种似醉非醉的最佳状态。在《和陶饮酒二十首》组诗的小序中，苏东坡把这种状态描述得极为传神：

> 吾饮酒至少，常以把盏为乐，往往颓然坐睡。人见其醉而吾中了然，盖莫能名其为醉为醒也。在扬州时，饮酒过午辄罢，客去，解衣盘礴终日，欢不足而适有余。因和渊明《饮酒》二十首，庶以仿佛其不可名者，示舍弟子由、晁无咎学士。

这俨然就是一幅《东坡醉酒图》。苏东坡自知酒量很小，所以每次喝酒，小口浅饮，举杯把盏，感受“相逢意气为君饮”之意，也慢慢步入那种似醉非醉的境界。此时的东坡默坐榻上，面如朝霞，眼目半闭，如酒醉而眠，但其实心镜清明，身外之事了然于胸，仿佛精神已经独立于躯壳，可以自由漫观世间百态，更别有所得。

而在这种亦醉亦醒的状态中，苏东坡一方面可以彻底忘掉现实生活之中的仕途不顺和蝇营狗苟，另一方面也会因为这种“醉醒”状态而爆发出无限的艺术创造力。苏门弟子黄庭坚曾有一篇精彩的小品文，展现出东坡酒后那种如同仙人下凡一般的状态。

东坡居士极不惜书，然不可乞，有乞书者，正色诘责之，或终不与一字。元祐中锁试礼部，每来见过，案上纸不择精粗，书遍乃已。性喜酒，然不能四五龠已烂醉，不辞谢而就卧，鼻鼾如雷。少焉苏醒，落笔如风雨，虽谑弄，皆有义味，真神仙中人。此岂与今世翰墨之士争衡哉。

文中说的“龠”也是一种古代容量单位，两龠为一合。苏东坡大概半瓶啤酒下肚，就开始醉倒酣睡，但不久便又醒来，在那种“醉醒”状态之中，笔走龙蛇，创作出惊风雨而泣鬼神之作。

其实在苏东坡写给“洞庭春色”的另外一首诗中，已经非常生动地总结了酒对他的两种重要意义：

二年洞庭秋，香雾长噀手。今年洞庭春，玉色疑非酒。
贤王文字饮，醉笔蛟龙走。既醉念君醒，远饷为我寿。
瓶开香浮座，盏凸光照牖。方倾安仁醽，莫追公远嗅。
要当立名字，未用问升斗。应呼钓诗钩，亦号扫愁帚。
君知葡萄恶，正是嫫母黝。须君滟海杯，浇我谈天口。

读着这首诗，我仿佛看见苏东坡手持酒杯，杯中“洞庭春”酒色如玉，比葡萄酒的色泽澄澈百倍，而且酒香浓郁。东坡酒未入口，似乎已先醉了。他给杯中美酒又新取了两个妙趣横生的雅号——钓诗钩和扫愁帚。于是“洞庭春色”便化作了一根钓竿，帮助东坡从诗海之中钓起了一首首“活蹦乱跳”的诗歌；它又化作了一柄扫帚，帮助东坡横扫了那些人生道路上的魑魅魍魉和新仇旧恨。

中山酿松醪

苏东坡不仅喜欢饮酒，还热衷于酿酒。当年贬谪黄州时，因为“州酿既少，官酤又恶而贵”，所以开始琢磨自己酿酒解馋。恰好前来探望他的西蜀道士杨世昌善作蜜酒，于是苏东坡兴致大起，按照道士的秘方，开启了酿酒生涯。酒成之后，他还专门写了一首《蜜酒歌》来详细记录自己的酿造过程。

真珠为浆玉为醴，六月田夫汗流泚。不如春瓮自生香，蜂为耕耘花作米。
一日小沸鱼吐沫，二日眩转清光活。三日开瓮香满城，快泻银瓶不须拨。
百钱一斗浓无声，甘露微浊醍醐清。君不见南园采花蜂似雨，天教酿酒醉先生。
先生年来穷到骨，问人乞米何曾得。世间万事真悠悠，蜜蜂大胜监河侯。

后来被贬谪到惠州时，又得到当地道士传授酿造桂酒的方法，据说以此酒祛除南方瘴气颇有神效。苏东坡又写下《新酿桂酒》一诗，大力推广自己的新产品：

捣香筛辣入瓶盆，盎盎春溪带雨浑。收拾小山藏社瓮，招呼明月到芳尊。
酒材已遣门生致，菜把仍叨地主恩。烂煮葵羹斟桂醑，风流可惜在蛮村。

但不管苏东坡如何妙笔生花，都很难改变他酿酒技艺比饮酒品鉴更“菜”的事实。比东坡小40岁的苏州文人叶梦得在其《避暑录话》中记录了一则东坡酿酒“事故”。

苏子瞻在黄州作蜜酒，不甚佳，饮者辄暴下，蜜水腐败者尔。尝一试之，后不复作。在惠州作桂酒，尝问其二子迈、过，云：“亦一试之而止，大抵气味似屠苏酒。”二子语及，亦自抚掌大笑。

叶梦得是“苏门四学士”之一的晁补之的亲外甥，也同苏东坡第三子苏过交往颇深，因而他的记录绝非空穴来风。他说苏东坡在黄州所酿的蜜酒，就是一款山寨的不合格产品，喝的人全部拉稀跑肚“暴下”，东坡试了一次就再也不敢生产了。而在惠州所酿的桂酒也很不成功，有股辛辣的屠苏味，还因此遭受到了两个儿子以“抚掌大笑”发来的“暴击”。

苏东坡屈指可数的酿酒成果，应该就是“中山松醪”了。这是他在出任定州知州的时候，以松节为原料酿制而成的一种据说可以治疗风湿的药酒。由于此酒没有引发“定州食物中毒事件”，苏东坡对此颇为得意，不仅频频分赠亲朋好友，还专门创作了《中山松醪赋》来纪念这次个人酿酒史上的伟大突破，这篇雄文也就成为能和《洞庭春色赋》并驾齐驱的“东坡酒神宣言”。

值得一提的是，在苏东坡写给门人钱济明的一封信中，他最爱的这两种酒有了一次隐秘的“会面”：

> 寄惠洞庭珍苞，穷塞所不识，分饷将吏，并戴佳贶也。无以为报，亲书《松醪》一赋为信，想发一笑也……

时任苏州通判的钱济明给老师寄去了不少洞庭黄橘，仿佛便是送上数坛“洞庭春色”，于是苏东坡亲书《中山松醪赋》作为回礼，就像回赠弟子新酿的“中山松醪”一般。师生两人相隔千里，各持佳酿，互送祝福，那种文人雅致，令人追想。

但这并不是两种佳酿的最后一次“相逢”。

二赋耀千古

当时间来到北宋绍圣元年（1094），年轻的宋哲宗亲政，他恢复新法，罢黜旧党，一纸诏书将苏东坡褫夺官职，贬往岭南。而就在数月之前，苏东坡人生中极为重要的女人——第二任妻子王闰之病逝于汴京，年仅46岁。

从帝国最北部的定州，到遥远南疆的英州（今广东英德），中间有超过1500公里的艰苦旅程。而此时的苏东坡，已年近花甲。他不得不带着丧妻之痛、丢官之苦，以及对于未来生活的担忧，奔赴当时的蛮荒之地。

行路艰难，经过一个月的风餐露宿，苏东坡一行才刚刚走到襄邑（今河南睢县）。而一场滂沱大雨，又让他们滞留驿站，寸步难行。安顿好众人之后，苏东坡独立窗前，听着暴雨猛烈地敲打着窗户，看着前路一片迷茫，眼前仿佛浮现出年轻皇帝那张冷峻无情的脸，想着不知道何年何月才能重回中原，心中郁郁，不知向谁倾诉。他端起驿站中的浊酒，浅饮了一杯——酒色浑浊，酒味不佳，不禁怀念起酒色如玉的"洞庭春色"。忽然之间，一股冲动涌上心头，于是他铺纸研墨，提笔挥毫，和着风雨之声，重写了《洞庭春色赋》，之后意犹未尽，笔力不衰，又在纸上续写了《中山松醪赋》。

二赋犹如白鹤双翼，轻轻托起苏东坡，带他冲破雨雾，直上云霄，飘落苏州太湖，登包山，入林屋，与众仙人遨游，彻底忘掉眼前的逆境。之后飞临河北太行，松风之中，苏东坡一声长啸，唤出了嵇康、阮籍等"酒国"才子，举杯共饮，互诉心肠，终于胸怀大畅，郁积冰解，再无烦忧。

就这样，苏东坡最爱的"洞庭春色"和"中山松醪"合力酿成了一幅长卷，它不仅文辞俊美，书法超群，更蕴含了苏东坡贬谪路上不平之意，以及襄邑风雨之声，一出世便成为天下人瞩目的文苑珍宝。难能可贵的是，如此易损之物，竟然成功避过了近千年时光中的天灾人祸，几近完好地保存了下来，在清代入藏宫廷，后被末代皇帝溥仪带到东北，战乱之中流落民间，最终被吉林省博物院收藏。

2022年，我曾在四川博物馆的东坡大展中膜拜过这件墨宝。站立其前，细赏字迹，仿佛能看见苏东坡的生命随着那些流畅而跳跃的墨线在虚空之中起舞，仿佛能听见字里行间隐隐传来太湖的涛声和太行的松风，仿佛能闻见夹杂

◀明代画家文伯仁所作的《姑苏十景册》之一——《洞庭春色》，以青绿山水之风格，展现了太湖的绝美风光。

着洞庭之橘和中山松节独特气味的酒香。

我知道东坡先生在人生的谷底选择将这两篇文章合书一卷，绝不仅仅是因为其中藏着可以让他短暂逃离的太湖仙岛和太行秘境。隐在“洞庭春色”和“中山松醪”背后的，是傲霜斗雪的洞庭之橘与经冬不凋的中山之松，是屈原、王羲之、王献之、韦应物，是陶弘景、左思、李白。正是在这样的人、物和精神的支持之下，酒醒之后的苏东坡才能够走完世间最泥泞的路，依然初心不改。

写到这里，我禁不住又想起了在生命末期重返江南的苏东坡，和他那个没有实现的种橘之梦。也许当那卷《洞庭春色赋》来到苏州之时，洞庭之橘的青黄映照在千年墨色之上，先生的醉梦之境终与太湖的现实山水重叠，所有的遗憾就都会烟消云散了。

愿这一天早点到来。

中山松醪赋

〔宋〕苏轼

始予宵济于衡漳，军徒涉而夜号。燧松明而识浅，散星宿于亭皋。郁风中之香雾，若诉予以不遭。岂千岁之妙质，而死斤斧于鸿毛。效区区之寸明，曾何异于束蒿。烂文章之纠缨，惊节解而流膏。嗟构厦其已远，尚药石而可曹。收薄用于桑榆，制中山之松醪。救尔灰烬之中，免尔萤爝之劳。取通明于盘错，出肪泽于烹熬。与黍麦而皆熟，沸春声之嘈嘈。味甘余而小苦，叹幽姿之独高。知甘酸之易坏，笑凉州之蒲萄。似玉池之生肥，非内府之烝羔。酌以瘿藤之纹樽，荐以石蟹之霜螯。曾日饮之几何，觉天刑之可逃。投拄杖而起行，罢儿童之抑搔。望西山之咫尺，欲褰裳以游遨。跨超峰之奔鹿，接挂壁之飞猱。遂从此而入海，渺翻天之云涛。使夫嵇、阮之伦，与八仙之群豪。或骑麟而翳风，争榼挈而瓢操。颠倒白纶巾，淋漓宫锦袍。追东坡而不可及，归餔歠其醨糟。漱松风于齿牙，犹足以赋《远游》而续《离骚》也。

三升，救口不暇，安能及客乎？若予者，乃日有二升五合入野人、道士腹中矣。东皋子与仲长子光游，好养性服食，预刻死日，自为墓志。予盖友其人于千载，或庶几焉。

书《东皋子传》后

〔宋〕苏轼

予饮酒，终日不过五合，天下之不能饮，无在予下者。然喜人饮酒，见客举杯徐引，则予胸中为之浩浩焉，落落焉，酣适之味，乃过于客。闲居，未尝一日无客；客至，未尝不置酒。天下之好饮，亦无在予上者。常以谓人之至乐，莫若身无病而心无忧。我则无是二者矣。然人之有是者，接于予前，则予安得全其乐乎？故所至，常蓄善药，有求者则与之，而尤喜酿酒以饮客。或曰：『子无病而多蓄药，不饮而多酿酒。劳己以为人，何也？』予笑曰：『病者得药，吾为之体轻；饮者困于酒，吾为之酣适。盖专以自为也。』东皋子待诏门下省，日给酒三升。其弟静问曰：『待诏乐乎？』曰：『待诏何所乐，但美酝三升，殊可恋耳。』今岭南，法不禁酒，予既得自酿，月用米一斛，得酒六斗。而南雄、广、惠、循、梅五太守，间复以酒遗予。略计其所获，殆过于东皋子矣。然东皋子自谓五斗先生，则日给

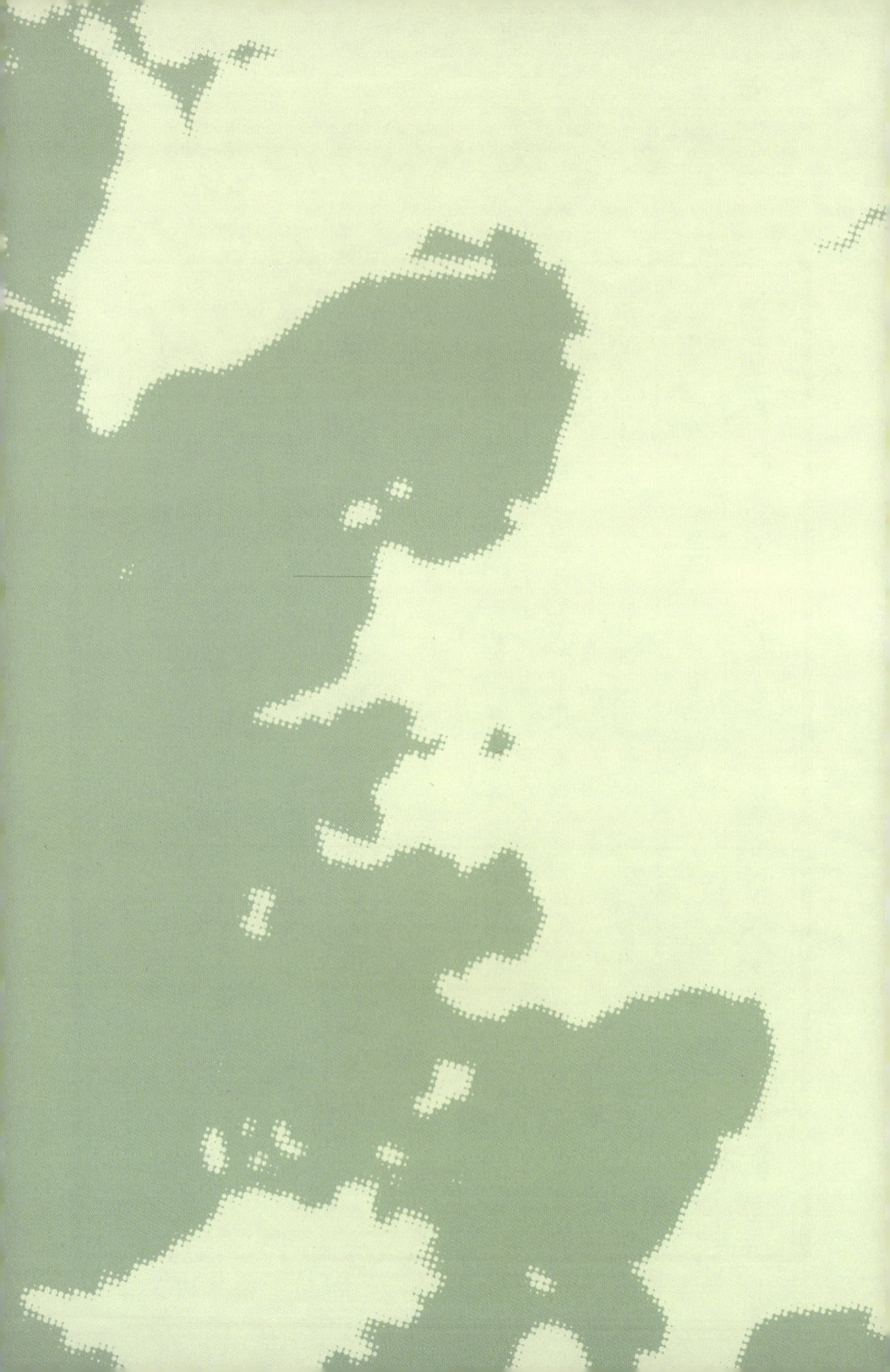

甫里杞菊

相遇
酒馆

2017年，我在诗书传家的甪直古镇上，选中一处老宅，建立了光影墅文化空间。我把白沙铺地的老宅后院命名为“雪泥庭”，取东坡诗中“人生到处知何似，应似飞鸿踏雪泥”之意，以纪念这段全新的人生旅程。

甪直古称“甫里”，是典型的江南水乡古镇，不仅保存着河道纵横、古桥参差的风貌，历史文化积淀也极为深厚。镇中保圣寺是“南朝四百八十寺”之一，珍藏着唐风宋塑九罗汉。彩塑近旁的千年银杏树下，长眠着晚唐著名诗人陆龟蒙。虽然他比苏东坡早出生近200年，但他却成为对其影响最为深远的苏州人之一，也帮助我找到了甪直古镇和千古第一文人的隐秘联系。

甫里先生

陆龟蒙，字鲁望，唐代文学家，苏州人，其诗文对后世颇有影响。他长期隐居甫里，躬耕田亩，斗鸭为乐，故自号甫里先生；又因常乘小舟，携书卷、茶灶、笔床、钓具等，悠游于江湖之上，心随自然而动，故别号江湖散人、天随子。

今天甪直古镇上除了有陆龟蒙墓冢，还有人们为纪念他而开凿的斗鸭池。池中锦鳞游泳，睡莲盛开，两座小虹桥连接着碧水中央的清风亭，亭中塑有持书端坐的甫里先生像。我常远远看着人们整理衣冠，入亭拜像，总觉得年轻的苏东坡就混杂在他们中间，就如同当年，他走入吴江三高祠时一样。

北宋熙宁七年（1074），苏东坡转任密州知州，船过吴江，见垂虹桥边有座三高祠，便入内拜谒。祠中供奉着江南三位因“淡泊名利”而名垂千古的“高人”：传说携手西施归隐太湖的范蠡、思念家乡莼鲈而辞官归里的张翰，以及一生布衣却依然关心天下疾苦的陆龟蒙。

即将出任一郡之长的苏东坡显然心情不错，因而并没有从“淡泊名利”的惯常角度进行吟咏，而是别出机杼，写下了《戏书吴江三贤画像三首》，俨然就是将自己投影在了诗中。

▲相传为宋代大画家李公麟所作的《吴中三贤图》，描绘了范蠡、张翰和陆龟蒙三位贤士的形象。其中陆龟蒙像配诗如下："杞菊萧条绕屋春，不教鹅鸭恼比邻。满身花影犹沈醉，真是江湖一散人。"

谁将射御教吴儿，长笑申公为夏姬。
却遣姑苏有麋鹿，更怜夫子得西施。

浮世功劳食与眠，季鹰真得水中仙。
不须更说知几早，直为鲈鱼也自贤。

千首文章二顷田，囊中未有一钱看。
却因养得能言鸭，惊破王孙金弹丸。

苏东坡在诗中写范蠡着眼于"美人"，他羡慕"夫子得西施"，隐隐展现出自身风流多情的一面；写张翰侧重在"美食"，他认为即使只是松江鲈鱼脍，就已经值得辞官归里了，老饕本色显露无遗；而写陆龟蒙则演绎了一则故事来凸显其任性、胆大、戏谑的性格。

诗中说陆龟蒙才华满腹但生活困苦，有一天某王孙贵族持金弹丸击杀民众的鸭子取乐，陆龟蒙闪现现场，不卑不亢地说，这是他饲养的会讲人话的"神鸭"，已经上报官府准备进献皇帝。王孙听闻大惊失色，急忙以重金赔偿。匆匆逃离现场的时候，王孙忍不住好奇地问了一句："那只鸭子会说什么话啊？"陆龟蒙回答道："经过了几年艰苦训练，已经可以叫自己的名字'鸭鸭'了。"

这首诗实际是融合了"能言鸭"和"韩嫣金丸"两个典故，让一个生活清贫、不畏权贵、智慧过人且能言善辩的文人形象跃然纸上，而这不正是年轻苏东坡的夫子自道吗？但此时仕途顺遂的苏东坡还不能真正理解那个一生布衣的甫里先生，也并不会想到这个已经仙去一百多年的古人会对他的人生产生深远影响。

写物之功

用直保圣寺中有一条碑廊，保存着古镇范围出土的历朝历代珍贵碑刻。我常常徘徊其间，逐字逐句细读碑上文字，就好像在阅读着古人写给未来的书信。碑廊中有一块不太起眼的诗碑，字迹龙飞凤舞，却少有人问津，但我知道，如果苏东坡能来到这里，他一定会驻足品读，因为上面刻的是他最喜爱的陆龟蒙诗作《白莲》：

素花多蒙别艳欺，此花端合在瑶池。
无情有恨何人见？月晓风清欲堕时。

这首诗将白莲冰清玉洁、孤芳自赏的气质描写得极为传神。因而苏东坡曾撰文评价：《白莲》诗"无情有恨何人见？月晓风清欲堕时"，绝非红莲诗所能比。此乃写物之功。所谓写物之功，就是在摹写事物的时候，真正抓住了其神韵，展现出独一无二的特征。正是在经过北宋文坛盟主苏东坡的推荐之后，这首《白莲》诗频频入选各大诗歌选集和"排行榜"，成为甫里先生的重要代表作。

当得起"写物之功"这一评价的，还有碑廊之侧保圣寺古物馆当中的塑壁罗汉。这组罗汉相传出自唐代塑圣杨惠之的手笔。与寻常寺院中罗汉塑像个

▲甪直保圣寺罗汉塑像，相传为唐代塑圣杨惠之的作品，为全国第一批重点文物保护单位。

个呆板排坐的布局不同，此处塑出祥云、海浪、山石、岛屿、洞穴，再将罗汉巧妙安放其中，他们或参禅入定，或降妖除魔，正以各自的方式修行，并与自然完美融合，形成一幅绝妙的立体山水人物画卷。

据宋人刘道醇的《五代名画补遗》记载，杨惠之生活在盛唐开元年间，与画圣吴道子齐名。他独创的塑壁艺术，将传统的中国画意立体化，将微妙的佛教禅意具象化，绽放出震撼人心的力量。

今天很多游客不知晓塑壁罗汉的艺术价值，到此仅仅是匆匆一瞥，仿佛入宝山而空回，我常常为此遗憾叹息。如果苏东坡能仙游到此，必定会流连忘返，佳句迭出。因为他曾在诗中多次记叙观摩杨惠之彩塑真迹的经历。一次是在凤翔为官时，在天柱寺观赏杨惠之塑的维摩诘像，留下“今观古塑维摩像，病骨磊嵬如枯龟。乃知至人外生死，此身变化浮云随”的感慨。还有一次则是在洛阳广爱寺寻找杨惠之亲塑的宝山，苏东坡在诗中写道：“妙迹苦难寻，兹山见几层。乱峰螺髻出，绝涧阵云崩。”——

群峰如髻，深谷惊云，苏东坡的诗意正与保圣寺罗汉塑壁展现出的画意完全吻合，也从侧面证明了“罗汉溯源惠之”说法的真实性。

只可惜苏东坡当年往来吴中多次，更有在吴淞江边垂虹桥上数场大醉的经历，却不知道让他惊叹并苦苦追寻的另一处宝山胜迹，就在顺流而下的不远处。人生或许就是如此，有多少不期而遇，便会有多少遍寻不见。这是东坡的错过，也是甪直的遗憾。

杞菊之缘

保圣寺山门后的庭院中，有数棵老枸杞，斜倚湖石，枝繁叶茂，一到秋天便缀满红果。每次带朋友参观古镇从此经过时，我都会介绍说，这应该是全天下最有文化的枸杞，因为千年之前，它们就已经被甫里先生和东坡居士分别撰文推荐过了。

这段奇妙缘分的开始要回溯到晚唐时代的甪直。当时陆龟蒙隐居此地，生活简朴，他在自己书斋前后的空地上种满了枸杞和菊花。春天来临，枸菊芽嫩苗肥，陆龟蒙便每天采撷，以供餐食。到了夏天，枝叶老硬，气味苦涩，他依旧不停采摘，甘之如饴。

由于很多人不能理解这种“自找苦吃”的行为，所以陆龟蒙特意创作了《杞菊赋》来表明自己安贫乐道、不与世同污的心境，就如同当年“一箪食，一瓢饮，在陋巷”的复圣颜回一般：

天随子宅荒少墙，屋多隙地，著图书所，前后皆树以杞菊。春苗恣肥，日得以采撷之，以供左右杯案。及夏五月，枝叶老硬，气味苦涩，旦暮犹责儿童辈拾掇不已。人或叹曰：“千乘之邑，非无好事之家，日欲击鲜为具以饱君者多矣。君独闭关不出，率空肠贮古圣贤

道德言语,何自苦如此?”天随生笑曰:“我几年来忍饥诵经,岂不知屠沽儿有酒食邪?”退而作《杞菊赋》以自广。云:

惟杞惟菊,偕寒互绿。或颖或苕,烟披雨沐。我衣败绨,我饭脱粟。羞惭齿牙,苟且粱肉。蔓延骈罗,其生实多。尔杞未棘,尔菊未莎。其如予何!其如予何!

其实看完这篇文章,不相信、不理解的人依然很多,这其中就包括了年轻的苏东坡。彼时的苏东坡可能还是更喜欢陆龟蒙“惊破王孙金弹丸”的侠义不羁的面目,对于突然之间出现的“正襟危坐食杞菊”的另一面很不适应。我能想象他读到《杞菊赋》时脸上不可思议的表情和嘴里的嘀咕:这人是不是有点太装了?咱们文人嘛,粗茶淡饭是完全没问题的,但天天吃草果腹,会不会有点戏太过了?

但现实狠狠打了苏东坡的脸。当他意气风发地到密州上任的时候,铺天盖地的蝗虫正列队“欢迎”他。严重的虫灾导致田地颗粒无收,就连堂堂一郡太守也难得吃上顿饱饭。面对官府厨房除了红烧蝗虫、一蝗三吃、蝗上蝗焖锅等“时令特色”菜肴别无他物的局面,苏东坡和同样饥肠辘辘的副手刘庭式相约到密州城墙上巡查,试图分散对胃肠道的关注。忽然,他们看见城墙下废弃园圃内有大片的枸杞和菊花,两人顿时两眼放光,一边背诵陆龟蒙的《杞菊赋》,一边自制雅致的“红杞黄菊饼”和“杞叶菊梗糕”充饥,然后互相看着对方一脸菜色、满嘴绿汁的样子,捧腹大笑起来。

“充电”完成的苏东坡回到州府,写下了千古传诵的《后杞菊赋》:

天随生自言常食杞菊,及夏五月,枝叶老硬,气味苦涩,犹食不已。因作赋以自广。始余尝疑之,以为士不遇,穷约可也,至于饥饿

▶保圣寺“古木三绝”之一的百年枸杞，每到深秋便挂满红果，延续着甫里先生和东坡居士的杞菊之缘。

嚼啮草木，则过矣。而余仕宦十有九年，家日益贫。衣食之奉，殆不如昔者。及移守胶西，意且一饱，而斋厨索然，不堪其忧。日与通守刘君廷式，循古城废圃，求杞菊食之，扪腹而笑。然后知天随之言，可信不谬。作《后杞菊赋》以自嘲，且解之云。

“吁嗟先生，谁使汝坐堂上称太守？前宾客之造请，后掾属之趋走。朝衙达午，夕坐过酉。曾杯酒之不设，揽草木以诳口。对案颦蹙，举箸噎呕。昔阴将军设麦饭与葱叶，井丹推去而不齅。怪先生之眷眷，岂故山之无用？”先生听然而笑曰：“人生一世，如屈伸肘。何者为贫？何者为富？何者为美？何者为陋？或糠覈而瓠肥，或粱肉而墨瘦。何侯方丈，庾郎三九。较丰约于梦寐，卒同归于一朽。吾方以杞为粮，以菊为糗。春食苗，夏食叶，秋食花实而冬食根，庶几乎西河、南阳之寿。”

苏东坡以自嘲的方式来为自己挽回尊严，他还开玩笑地说：是人终一死，胖瘦天注定，所以不要太在乎餐盘里的东西。别看我一年四季换着法子吃草，从苗吃到叶，从花吃到根，但从此告别“三高”，再无慢病，很可能就会寿与天齐，羽化飞升了。

自嘲结束后，苏东坡撸起袖子加油干，身先士卒，指挥灭蝗。他带领百姓尝试了火烧、泥埋等各种手段，最终彻底铲除了蝗害；又用雷霆手段剿灭当地盗匪，以科学方式兴修水利、发展生产，使密州百姓得以安居乐业。而杞菊也随之成为中国文学史和思想史上的一个独特意象。它内涵丰富，不仅展现着陆龟蒙这样的隐士安贫乐道、遗世独立的风骨，以及东坡这样的士大夫苦中作乐、超然物外的精神，还让我们看见了为政之人与黎民百姓同甘共苦、共克时艰的责任和情怀。

雪堂散人

苏东坡对于这段致敬先贤并超越先贤的经历颇为得意，常在自己的诗文中提及。比如在其名作《超然台记》一文中有“斋厨索然，日食杞菊”的记叙，在《再过超然台赠太守霍翔》一诗中有“躬持牛酒劳行役，无复杞菊嘲寒悭”的感慨，甚至在偶然获得一块陆龟蒙旧砚的时候，还专门在上面刻下了“噫先生，隐唐余；甘杞菊，老樵渔”的铭文。但苏东坡万万没有想到，当乌台诗案爆发后，《后杞菊赋》等诗文当中的那些“吃草果腹”的描写，竟然成了他污蔑新法、抹黑君上的重要罪证。

于是，苏东坡被贬往了偏僻的黄州，无职无权，无酒无钱，一度穷得真要以

▶清末著名画家赵之谦在青铜拓印基础上创作的《杞菊延年图》。苏东坡也在《后杞菊赋》中用“庶几乎西河、南阳之寿”一句，赋予了杞菊在文化上延年益寿的象征意义。

杞菊为食了。他在《次韵毛滂法曹感雨》一诗中就曾这样说：“我顷在东坡，秋菊为夕餐。”后来在一众当地朋友的帮助之下，他才得以走出生活和心灵的困境。此时的苏东坡躬耕于东坡，野游于赤壁，变成了一个自由自在的江湖散人。

时间来到北宋元丰五年（1082）二月，这日黄州突降大雪，江天一色，仿佛

▲南宋画家夏圭的《雪堂客话图》，描绘出两位高士于“六出飞花入户时”“坐看青竹变琼枝”。

琉璃世界，一尘不染。东坡居士站立天地间，等待着身后一座房屋的最后落成。这是他在田亩之侧的废圃上为自己建造的书房，他的心终于将在黄州有了栖息之所。

苏东坡走进落成的厅堂，也把一身的雪意带了进去。环顾四壁皆白，他提笔蘸墨，在墙壁上点点划划，不一会儿在黑白之间，飞雪已现，就仿佛屋外的雪花透了进来。从此以后，这里就被苏东坡称为“雪堂”。他在这里或独自吟诗作画，或与朋友们谈天说地，构建起生命低谷中的庇护所。

某天午后，突然有神秘客人来访。他走进雪堂，劈头就问苏东坡：“你到底是世间的散诞之人，还是拘谨之人？”苏东坡还未作答，神秘客人又不客气地说：“我知道你肯定是‘欲为江湖散人而未得’，让我来告诉你‘散人之道’吧。”于是也不管别人爱不爱听，他就将做江湖散人的“秘诀”全告诉了苏东坡，并邀请他一起去体验一次逃离人世间一切羁绊的“藩篱之外游”。

苏东坡将这个神秘事件写成了《雪堂记》一文，但他并没有告诉我们这个神秘来客到底是谁。后世对此众说纷纭，有人说是黄州的年轻隐士潘邠老，有人说这是东坡内心另一个自己。在我看来，文中之人对散人之道烂熟于心，苏东坡又对他敬若师长，他应该不是别人，正是和苏东坡早有杞菊之缘的江湖散人陆龟蒙。苏州一遇，他就已住进了苏东坡内心深处，此时此刻外化为客，想助东坡飞跃心灵的藩篱。

故宫博物院藏有一幅南宋画家夏圭的传世名作《雪堂客话图》，描绘的正是东坡与客雪堂相会的情景。画面上，天空与长江留白很多，主要内容都集中于左下角，是典型的“马一角”风格。残雪未消，天地苍茫，树叶落尽，但翠竹依然展现着生机和活力。雪堂之中，两人对坐。虽然听不见他们正在谈论什么，但长江之上，徜徉于雪意之中的扁舟与渔父，已隐隐指向了江湖散人的主题。而这，便是苏东坡所追求的散人生活吗？

在《雪堂记》的结尾，苏东坡用一首歌表达了自己的真正想法：

雪堂之前后兮，春草齐。雪堂之左右兮，斜径微。雪堂之上兮，有硕人之颀颀。考槃于此兮，芒鞋而葛衣。挹清泉兮，抱瓮而忘其机。负顷筐兮，行歌而采薇。吾不知五十九年之非而今日之是，又不知五十九年之是而今日之非。吾不知天地之大也，寒暑之变，悟昔日之癯，而今日之肥。感子之言兮，始也抑吾之纵而鞭吾之口，终也释吾之缚而脱吾之鞿。是堂之作也，吾非取雪之势，而取雪之意；吾非逃世之事，而逃世之机。吾不知雪之为可观赏，吾不知世之为可依违。性之便，意之适，不在于他，在于群息已动，大明既升，吾方辗转，一观晓隙之尘飞。子不弃兮，我其子归。

“吾非取雪之势，而取雪之意；吾非逃世之事，而逃世之机”，这就是苏东坡真正想说的话。他所追求的，是即便终归尘土也要始终冰清玉洁的“雪意”；他要逃避的，是世间追名逐利之心和蝇营狗苟之事。他不会抛弃情怀与责任，他的心会永远与国家、民族和人民同在。我想，这一定也说出了陆龟蒙的心声吧，不然这位一生布衣、一世自由的江湖散人怎么会写出“蓬莱有路教人到，应亦年年税紫芝”这样关心民生疾苦的不朽诗文呢？

其实我早就感觉到，苏东坡的心就像一栋楼，住着很多古人。他们通常只是在自己的房间安静读书，但在苏东坡彷徨的时候，他们会打开窗，发出呐喊，让那颗心绝不沉沦。而在这一刻我知道了，楼中也住着甫里先生。在那个“千古第一文人”的身上，能隐约看见甫里印记，这对于一个常住甪直的东坡信徒来说，已足以弥补所有的遗憾。

我已经在这个古镇生活了七年，依然在努力学习做一个“合格”的散人。每到深秋，我都会到保圣寺的庭院中去看三棵千年银杏。秋风中纷飞的黄叶总让我想起东坡的诗句——“扁舟一棹归何处？家在江南黄叶村。”最大的那棵银杏树上不知何时寄生出一棵枝繁叶茂的枸杞，红果绿叶摇曳于金黄之中，甚是好看。我每每都会品尝那酸酸甜甜的滋味，从不错过。因为我知道，它是甫里先生和东坡居士留赠后人的珍贵礼物。

维摩像，唐杨惠之塑，在天柱寺

〔宋〕苏轼

昔者子舆病且死，其友子祀往问之。跰𨇤鉴井自叹息，造物将安以我为。今观古塑维摩像，病骨磊嵬如枯龟。乃知至人外生死，此身变化浮云随。世人岂不硕且好，身虽未病心已疲。此叟神完中有恃，谈笑可却千熊罴。当其在时或问法，俯首无言心自知。至今遗像兀不语，与昔未死无增亏。田翁里妇那肯顾，时有野鼠衔其髭。见之使人每自失，谁能与诘无言师。

再过超然台，赠太守霍翔

〔宋〕苏轼

昔饮雩泉别常山，天寒岁在龙蛇间。山中儿童拍手笑，问我西去何当还。
十年不赴竹马约，扁舟独与渔蓑闲。重来父老喜我在，扶挈老幼相遮攀。
当时襁褓皆七尺，而我安得留朱颜。问今太守为谁欤，护羌充国鬓未斑。
躬持牛酒劳行役，无复杞菊嘲寒悭。超然置酒寻旧迹，尚有诗赋镵坚顽。
孤云落日在马耳，照耀金碧开烟鬟。邦淇自古北流水，跳波下濑鸣玦环。
愿君谈笑作石埭，坐使城郭生溪湾。

过广爱寺，见三学演师，观杨惠之塑宝山、朱瑶画文殊、普贤，三首

〔宋〕苏轼

其一

寓世身如梦，安闲日似年。败蒲翻覆卧，破衲再三连。劝客眠风竹，长斋饮石泉。回头万事错，自笑觉师贤。

其二

妙迹苦难寻，兹山见几层。乱峰螺髻出，绝涧阵云崩。措意元同画，观空欲问僧。莫教林下意，终老叹何曾。

其三

朱瑶唐晚辈，得法尚雄深。满寺空遗迹，何人识苦心。长廊敧两脚，破壁撼钟音。成败无穷事，他年复吊今。

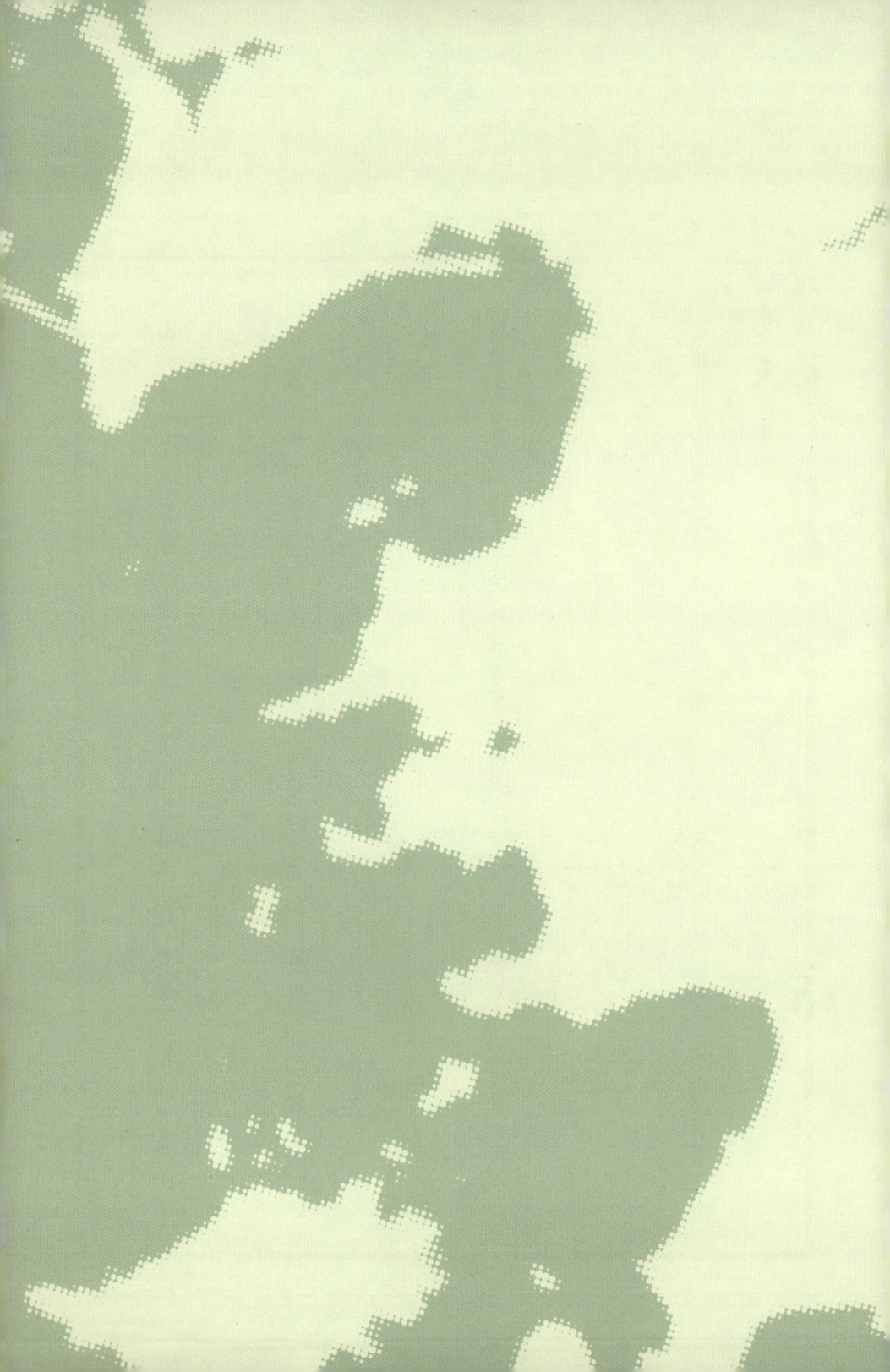

网师五梦

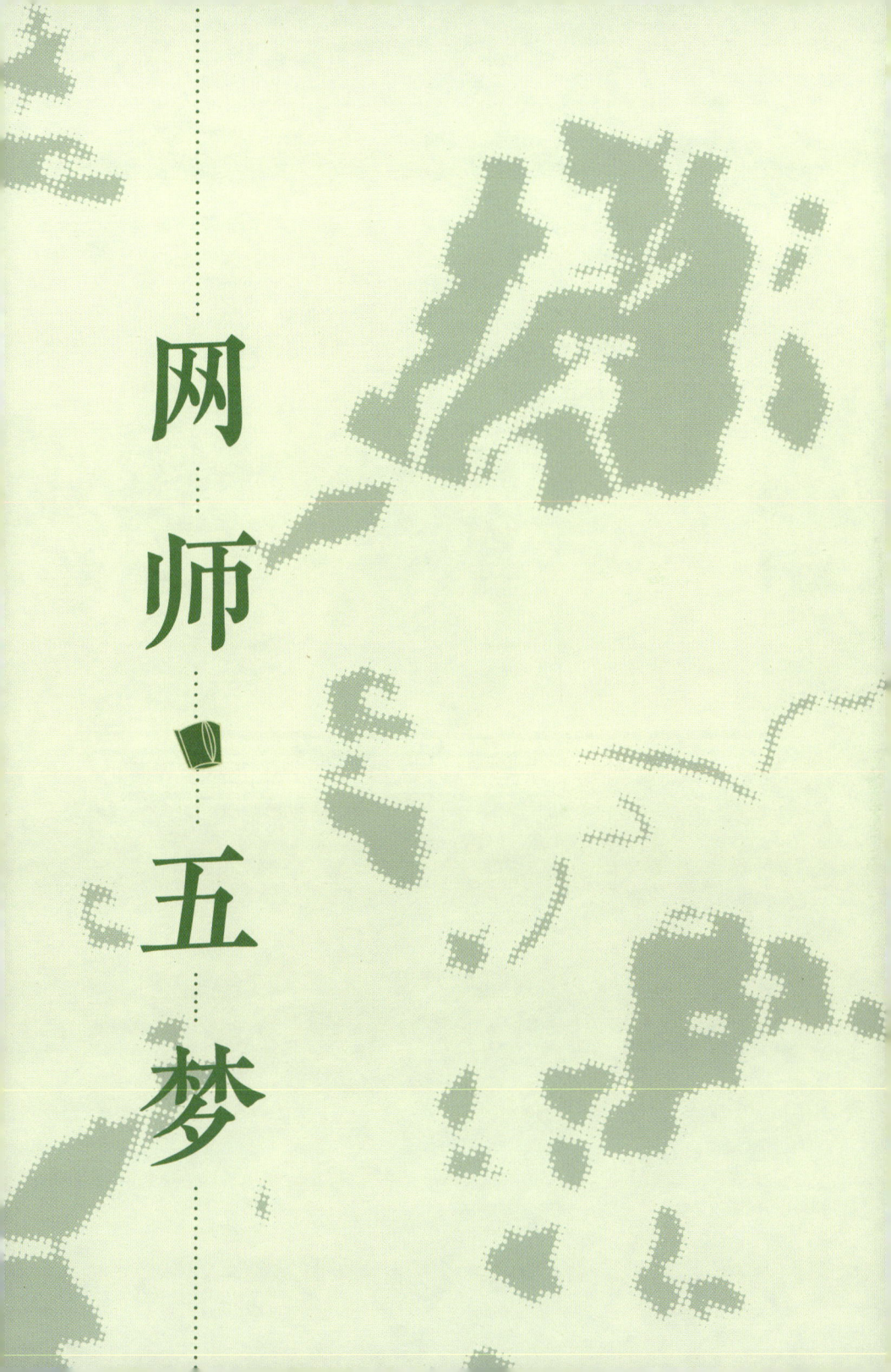

网师园是姑苏名园，隐于古城窄巷之中，精巧玲珑，被誉为“小园极则”。网师，意指渔夫，以此为名凸显园林“渔隐”的主题。有人提出“网师即渔夫”的说法缺少根据，其实这一说法早已出现在苏东坡的诗中。他的颍州之作《西湖秋涸，东池鱼窘甚，因会客，呼网师迁之西池，为一笑之乐。夜归，被酒不能寐，戏作放鱼一首》中，就称呼渔夫为“网师”。当年吴中文人宋宗元建成此园，并命名为“网师小筑”，或许便是从东坡诗意中获取的灵感。

漫步园中，一池碧水澄澈，亭台楼阁错落，四时花木葱茏，让人顿生隔尘之感。而各处建筑的命名，又让我仿佛置身于苏东坡的诗画之中。临水有轩名“竹外一枝”，伴有红梅盛开，显然取自《和秦太虚梅花》中“江头千树春欲暗，竹外一枝斜更好”之诗意；池边有廊名“射鸭”，让我想起苏东坡“已作观鱼槛，仍开射鸭堂”之句；水尽处又有轩名“小山丛桂”，莫不是在纪念当年苏东坡游苏州时曾留下的“白发重来故人尽，空余丛桂小山幽”的感叹？而每一次走进月到风来亭，看见山池静美，花开花落，苏东坡那句“江山风月，本无常主，闲者便是主人”便会涌上心头。

走在这样一个充满东坡诗意的园中，我总感觉在某些不为人所注意的地方，一定还藏着苏州和这位“千古第一文人”之间奇妙的联系。

第一重梦境：眉生吟诗

网师园各条回廊之中，镶嵌着不少书条石，多为历任园主在园中雅集留下的唱和之作，或是名士大家的经典游记，为这座小园增添了不少书香之气。

我徜徉于字里行间，仿佛与园主人神交，感受着他们的生活之雅和喜怒哀乐。在月到风来亭边的连廊中，我偶然发现一块书条石上，镌刻着苏东坡的两首梅花诗。从落款可知，石上文字均出自同治年间的园林主人李鸿裔之手。李鸿裔当年买下网师园后，因其地与同乡苏舜钦所建的沧浪亭相距不远，所以将

园林改名为“苏东邻”，他自己也常以“苏邻”自称。

作为四川老乡，我对李鸿裔有一些了解，知道他一出生就与苏东坡有缘。他的籍贯虽然是四川中江，但却出生在苏东坡的故乡眉山，其父李崧霖时任眉州书院山长，特意给他取字为“眉生”。

李鸿裔曾经在诗中这么写道：“我生纱縠行，距公八百载。异代认同乡，披图人宛在。”并自注说：“苏邻生眉山书院，据公纱縠行旧居，仅一鸡飞地耳。这里所说的“纱縠行旧居”，就是今天眉山的三苏祠，原为苏洵私宅，苏轼和苏辙都出生在这里，现在已经成为全国最大的苏东坡纪念馆。

◀李鸿裔书东坡诗之书条石，位于网师园月到风来亭西廊壁间。

李鸿裔从小就对东坡文化耳濡目染，因此，在他的私家园林中出现其手书的苏东坡诗歌也就不足为奇了。但我很好奇，李鸿裔为什么会在苏东坡三千多首诗词中选中了这两首咏梅的作品？于是，我先逐字细读了他留在诗后的题跋：

光绪丙子冬乏雨雪，天气温燠，深以明岁蝗子为虑。嘉平之望，祥霙晨布，过午逾密，散屧射鸭廊，微哦坡公此篇，以写庆快之怀。夜归小窗下，点灯疾书，时园中早梅已花，正四时最好之景象也。

▲雪中的网师园，蜡梅盛放，美如仙境。100多年前，园林主人李鸿裔正是在这样的雪景之中录写了苏东坡的梅花诗。（静中　摄）

这段话仿佛有特殊的魔力，瞬间将我带回了140多年前的网师园。那是清光绪丙子年（1876）腊月十五日（时1877年），天空中飘着雪花，池水边红梅盛放，园林美得像个童话。园主李鸿裔正在射鸭廊中散步赏景，他伸手触雪，面有喜色，轻声说道："明年蝗子不足忧矣！"

不久，他的视线又被轩外那树梅花吸引了，轻轻念起苏东坡的诗句"江头千树春欲暗，竹外一枝斜更好"。他猛地想起，今年是清光绪丙子年，而苏东坡正好出生于北宋景祐丙子年（时1037年），四天之后的腊月十九日，便是苏东坡的生日，这是世间有了苏东坡之后的第14次甲子轮回。

李鸿裔被这轮回打动了，于是他情不自禁地吟诵起了苏东坡的梅花诗，来纪念这园中之雪、雪中之梅和梅后之人。他想起了苏东坡当年才华盖世，却屡遭贬谪，黄州、惠州、儋州，数度流离失所，受尽苦难折磨；也想起了自己命运多舛，少年时代便父母双亡，生活贫苦。虽有一身才华，但科举之路不顺，屡试不中；最后依靠进入胡林翼、曾国藩幕府，驰骋疆场，挣得一身功名；正要大展宏途之时，却又罹患耳疾，几乎失聪，只能退隐林下。

往事激荡胸中，李鸿裔久久不能平静，于是回到书房，挥毫写下了苏东坡咏梅名作《十一月廿六日松风亭下梅花盛开》：

春风岭上淮南村，昔年梅花曾断魂。岂知流落复相见，蛮风蜒雨愁黄昏。
长条半落荔枝浦，卧树独秀桄榔园。岂惟幽光留色夜，直恐冷艳排冬温。
松风亭下荆棘里，两株玉蕊明朝暾。海南仙云娇堕砌，月下缟衣来叩门。
酒醒梦觉起绕树，妙意有在终无言。先生独饮勿叹息，幸有落月窥清尊。

罗浮山下梅花村，玉雪为骨冰为魂。纷纷初疑月挂树，耿耿独与参横昏。
先生索居江海上，悄如病鹤栖荒园。天香国艳肯相顾，知我酒熟诗清温。
蓬莱宫中花鸟使，绿衣倒挂扶桑暾。抱丛窥我方醉卧，故遣啄木先敲门。
麻姑过君急洒扫，鸟能歌舞华能言。酒醒人散山寂寂，惟有落蕊黏空尊。

第二重梦境：惠州咏梅

上文这两首梅花诗又将我带入了第二重梦境当中，那是北宋绍圣元年（1094），哲宗亲政，清洗旧臣，年近花甲的苏东坡在这一年被夺去官职，贬往英州，旋即再贬惠州。

苏东坡翻越山岭，穿越瘴雾，跋涉一千五百余里，在饥寒交迫之中抵达惠州，入住馆舍不久之后，又被赶出，只能栖身于松风亭下的嘉祐寺中。举目无亲而四顾无朋，仿佛黄州之事再次上演，他再度陷入了人生困境。

这日黄昏，他在松风亭下的荆棘丛中偶遇两株盛开的梅花，梅花在夜色幽光之中明艳如霞。醉眼惺忪的苏东坡，感觉它们就像为自己而来的南海仙女——这让他感觉到极大的慰藉——当“世人皆欲杀”之时，有冰肌玉骨的梅花仙子说出了那句“我意独怜才”。

于是苏东坡诗兴大发，连续写下了多篇咏梅佳作。在这些诗篇中，他为自己营造出了一个绝美的梅花乌托邦，在那里他不是犯官，不是逐臣；那里“天香国艳肯相顾”，“鸟能歌舞花能言”。逆境之中的造境是一种伟大的能力，是一种重要的自我保护和自我安慰，能够让持续不安的心得到片刻的松弛和安宁。苏东坡正是依靠着这种超能力，将生活中所遇到的细微快乐编织成一个梦境，再用梦境将自己包裹起来，去化解那些从天而降的苦痛，挨过那些原本度日如年的时光。

当然，这些梦境中的“红颜”也有现实的投射，那就是陪他一路南行、不离不弃的王朝云。自从在杭州遇见苏东坡开始，她便一直追随其左右，从歌女到侍妾，从黄州到惠州，她就像是默默绽放在苏东坡人生寒冬中的梅花，也像是照进苏东坡旅途暗夜的一束阳光。她架起了苏东坡梦境与现实之间的桥梁。

彼时的苏东坡沉醉于自己所造的那些短梦之中，无法自拔，从梅花盛开一直写到梅花落尽，于是又有了这首《花落复次前韵》：

玉妃谪堕烟雨村，先生作诗与招魂。人间草木非我对，奔月偶桂成幽昏。
暗香入户寻短梦，青子缀枝留小园。披衣连夜唤客饮，雪肤满地聊相温。
松明照坐愁不睡，井华入腹清而暾。先生年来六十化，道眼已入不二门。
多情好事余习气，惜花未忍都无言。留连一物吾过矣，笑领百罚空罍尊。

这首诗中那些送给落梅的词句“玉妃谪堕”“作诗与招魂”，仿佛成为一种不祥的谶语，逐渐笼罩了王朝云。一年多之后的北宋绍圣三年（1096）七月，“敏而好义，事先生二十有三，忠敬若一”的朝云，病逝于惠州，年仅35岁。苏东坡不胜哀伤，他为人生中最懂他的红颜知己，写下了一首《西江月·梅花》：

玉骨那愁瘴雾，冰姿自有仙风。海仙时遣探芳丛。倒挂绿毛么凤。　　素面翻嫌粉涴，洗妆不褪唇红。高情已逐晓云空。不与梨花同梦。

苏东坡将王朝云葬于惠州西湖之畔，在那一刻，他生命中那株独一无二、常开不落的梅花，真的凋谢了。

第三重梦境：黄州咏梅

其实苏东坡在惠州连续咏梅，也并非一时兴起，而是早有前缘。他将这一前缘写在了第一首惠州咏梅诗的自注当中，在李鸿裔手书的书条石上也可以看到这样的记载：

予昔赴黄州，春风岭见梅华，有两绝句。明年往岐亭道上赋诗，又有“细雨梅花、去年今日”之句。

这段简单的文字像一把钥匙，帮我打开了通向第三重梦境的大门。那是北宋元丰三年（1080），我看见苏东坡正行进在前往黄州贬所的路途之中，两鬓白发丛生，双眼茫然无神。乌台诗案让这位文章太守、风流才子突然沦为阶下之囚、贬谪之臣，心情之黯淡可想而知。

在经过麻城春风岭的时候，苏东坡忽然看见幽谷流水之旁的梅花，心有所感，写下两首绝句：

春来幽谷水潺潺，的皪梅花草棘间。
一夜东风吹石裂，半随飞雪度关山。

何人把酒慰深幽，开自无聊落更愁。
幸有青溪三百曲，不辞相送到黄州。

在苏东坡心中，春风岭上的梅花，应该是他孤独贬谪路上的忠实陪伴者。当风起时，梅花如飞雪一般，同他翻越关山；当风停歇，便又随流水百转千回，陪他直到黄州。我想，这人生低谷之中的第一个陌生陪伴者，对此时的苏东坡一定有着非同寻常的意义。

刚到黄州的苏东坡亲朋疏远，孤独无依，是生活在这座城市中的普通人，给了他巨大的慰藉。他在这里偶遇了老朋友陈慥。陈慥，字季常，四川青神人，是苏东坡的同乡，也是苏东坡宦游凤翔时的顶头上司、凤翔知府陈希亮的第四子，当时正隐居于黄州岐亭。今天保存在故宫博物院的东坡传世墨宝《新岁展庆帖》和《人来得书帖》都是苏东坡在黄州写给陈慥的书信。陈慥毫不在意苏东坡犯官身份，七次到其住所探望，苏东坡也曾三次到岐亭回访，并有多首诗赠予陈慥，其中一首用简单的字句写出了两人的深厚情谊：

送君四十里，只使一帆风。江边千树柳，落我酒杯中。
此行非远别，此乐固无穷。但愿长如此，来往一生同。

同时，苏东坡也在这里结交了新朋友，尤其是他后来常在诗中提及的潘丙、郭遘和古耕道三人。潘丙，字彦明，在村中以卖酒为生。郭遘，字兴宗，在市场上以卖药为业。而古耕道则是进士出身，隐居乡里。三人给贬谪之中的苏东坡很大的帮助。尤其是当苏东坡变成农夫，在大江边垦荒之时，三人不辞辛劳，终日相随，被称为“躬耕三友”。苏东坡曾有诗赠三人：

潘子久不调，沽酒江南村。郭生本将种，卖药西市垣。
古生亦好事，恐是押牙孙。家有十亩竹，无时客叩门。
我穷交旧绝，三子独见存。从我于东坡，劳饷同一餐。

北宋元丰四年（1081）正月二十日，苏东坡准备去岐亭陈慥家小住，潘丙、郭遘、古耕道三人特意在女王城东禅庄院为他温酒送行。这让苏东坡十分感动，想起一年前的孤独和寂寞，想起唯有梅花为伴的日子，感慨万千，写成七律一首：

十日春寒不出门，不知江柳已摇村。稍闻决决流冰谷，尽放青青没烧痕。
数亩荒园留我住，半瓶浊酒待君温。去年今日关山路，细雨梅花正断魂。

此时此刻，那些带给苏东坡温暖的普通人，已经成为他生命中的梅花，帮助苏东坡从孤独的噩梦中解脱出来，重拾了生活的信心，也帮助他慢慢实现了从“苏轼”到“苏东坡”的人生转变。

当我在这第三重梦境之中读到“去年今日关山路，细雨梅花正断魂”之句时，忍不住回头望向第二重梦境。在那里，苏东坡正低吟着“春风岭上淮南村，昔年梅花曾断魂。岂知流落复相见，蛮风蜒雨愁黄昏”。那一刻，我知晓了惠州诗中梅花的前缘，也读懂了苏东坡“再见梅花”时心中那复杂难言的情愫，以及他心中隐藏的期盼。

北宋元丰五年（1082）正月二十日，苏东坡又与潘丙、郭遘外出寻春，想起去年今日，诗兴续起，提笔写下了七律名作《正月二十日与潘郭二生出郊寻春忽记去年是日同至女王城作诗乃和前韵》：

东风未肯入东门，走马还寻去岁村。人似秋鸿来有信，事如春梦了无痕。
江城白酒三杯酽，野老苍颜一笑温。已约年年为此会，故人不用赋招魂。

也许正是因为朋友们“人似秋鸿来有信”，才让心中的郁结“事如春梦了无痕”，也因此换来了“野老苍颜一笑温”。此时的苏东坡已经能够微笑面对生活的巨变，虽然前途依然迷茫，“东风”依然“未肯入东门”。

北宋元丰六年（1083），依然是正月二十日，这个日子似乎已经成为苏东坡和黄州朋友们的某种纪念日。梅花已开，走马迎春，这仿佛寄托了所有人的共同期盼。郊游归来后，苏东坡又创作了《六年正月二十日复出东门仍用前韵》：

乱山环合水侵门，身在淮南尽处村。五亩渐成终老计，九重新扫旧巢痕。
岂惟见惯沙鸥熟，已觉来多钓石温。长与东风约今日，暗香先返玉梅魂。

一年之后，苏东坡迎来人生转机，被一纸诏命调往离京城不远的汝州，重新启用苏东坡之意已很明显。正如苏东坡在诗中所预感的那样，暗香已经回到了他这棵经冬不死的老梅身上。离开黄州的时候，潘、郭、古三人一直相送百里，直至磁湖，而陈慥更是陪东坡同舟行至300多里外的九江，两人才依依惜别。

没有这群梅花一样陪他凌霜傲雪的朋友，世间也不会有苏东坡。

◀网师园殿春簃内景。当年画家张大千和其兄寓居于此。殿春簃庭院西侧墙壁上至今仍保留着张大千手迹。

第四重梦境：大千挥毫

网师园西部，旧有芍药圃，名重苏城。李鸿裔购得此园后，在芍药圃附近填水筑墙，增建书斋，取宋人“多谢化工怜寂寞，尚留芍药殿春风”之诗意，将其命名为“殿春簃”。今天书斋中还悬挂着他亲笔题写的匾额和题跋。只是当初他构筑此院落的时候，并未想到，半个多世纪之后，此地会成就另外一个四川人和苏州的一段奇缘。

1933年5月，画家张大千和他的哥哥张善孖搬进了网师园暂住，而殿春簃则成为他们的画室和客厅。他们在这里作画、会客、雅集，一直持续到抗日战争全面爆发才离开。今天的殿春簃中就悬挂着多幅张大千在此创作的作品，每幅画上都有“网师园客”之印。

在翻阅张大千网师园作品的时候，我偶然发现他在1934年曾于园中创作有两幅《东坡诗意图》，图上留白处均有大千题字——溪边曳杖桄榔瘦，显然描摹的是苏东坡在岭南桄榔林中的场景。

我知道张大千极为崇拜苏东坡，一生当中创作笠屐图、赤壁图等主题画作甚多，但在网师园中，他为何突然画了这幅相对冷门的桄榔图呢？思索良久，我猛然想起李鸿裔所书的梅花诗中不正好有“长条半落荔支浦，卧树独秀桄榔园”之句吗？于是，我再度来到那块书条石前细品，旋即被带入了第四重梦境中。

◀张大千在网师园中所作的《东坡诗意图》，描绘了东坡先生置身于岭南桄榔林中的形象。画作上钤有“网师园客”之印。

那是1934年的一个黄昏，张大千正漫步于网师园，苦寻作画灵感。忽然看见墙上李鸿裔所书的东坡梅花诗，于是停步细细观赏。三个四川人在这一刻相会于苏州园林，隔着时空神交。读完两诗，张大千似有所悟，沉思良久，轻声感叹道：“‘长条半落荔支浦，卧树独秀桄榔园。’写梅花超凡脱俗也就罢了，连桄榔这样的南荒野树也能信手入诗，‘坡仙’妙笔，无人可及啊。一个人如果境界高阔，真的是无物不可成诗，也无物不可以入画。桄榔入诗，是从苏东坡开始的，那桄榔入画，就从我张大千开始吧。”

他回到殿春簃中，再度翻看东坡诗集，稍加思索，挥毫泼墨，画下两幅《东坡诗意图》：桄榔树高大劲瘦，小溪绕林奔流，苏东坡均着赭衣白袍，一幅正曳杖林中，吟啸徐行，另一幅则斜依卧石，坐看流水。

张大千在画上题写了“溪边曳杖桄榔瘦”一句。字句脱胎于苏东坡的《桄榔杖寄张文潜一首，时初闻黄鲁直迁黔南、范淳父九疑也》一诗：

睡起风清酒在亡，身随残梦两茫茫。江边曳杖桄榔瘦，林下寻苗荜拨香。
独步倘逢勾漏令，远来莫恨曲江张。遥知鲁国真男子，独忆平生盛孝章。

此诗用典颇多，追怀深远，让人不由自主沉浸于诗境之中——这就是我在网师园的第五梦了。

第五重梦境：桄榔树下

惠州的梅花早已落尽，梅子已结满枝头。苏东坡在桄榔林中徐徐而行，时而仰头望向桄榔叶间的岭南天空，时而又俯下身来细嗅荜拨嫩苗的清香。走到溪边一块巨石旁边，苏东坡略微感觉到有些疲劳，就坐下休息，看着眼前的流水消失于桄榔深处。

经过黄州苦难的他，已看透了党争，因而对将他贬往蛮荒的当权者已经没有了太多的恨意。他只关心那些一直与他肝胆相照的朋友们——刚从门人张耒那里收到不好的消息，黄庭坚已被贬往黔州，而老友范祖禹则被安置到偏远的永州。

在苏东坡度过黄州之厄，重返中枢之后，逐渐围绕着他形成了荣辱与共的“苏门”，其中黄庭坚、秦观、晁补之、张耒均受苏东坡提点，文名播于天下，并称为“苏门四学士”。而他艰难的惠州、儋州之旅，也正是在他和弟子们的相互唱和、相互鼓励和相互支持中度过的。比如这一次南下惠州，弟子张耒就冒着丢官下狱的风险，派兵士全程护送恩师。

苏东坡很想做点什么来为他们、也为自己鼓劲，但举目环视，别无他物，唯有桄榔。他在心里默念：那我就亲手来做一根桄榔杖吧，把它寄给张耒，让朋友和敌人都能在这根来自岭南的手杖上，看见我们之间的情义，就如同当年孔融和盛宪一样；同时也表明我们的态度——无论身处何地，都可以曳杖而行，就像当年被贬黄州时我在诗中所说的那样：

雨洗东坡月色清，市人行尽野人行。
莫嫌荦确坡头路，自爱铿然曳杖声。

从这一刻开始，苏东坡与桄榔结下了最深的缘分。从这一刻开始，桄榔也成了梅花落尽之后，他生命中另一位重要的“朋友”。在惠州两年零七个月之后，苏东坡又再被贬往儋州，没有栖身之所，只能在荒凉的桄榔林中暂住。看着眼前的蛇虫瘴雾，想着一生的荣辱浮沉，苏东坡以叶作纸，写下了《桄榔庵铭并叙》：

东坡居士，谪于儋耳，无地可居，偃息于桄榔林中，摘叶书铭，以记其处。

九山一区，帝为方舆。神尻以游，孰非吾居。百柱屃赑，万瓦披敷。上栋下宇，不烦兵夫。日月旋绕，风雨扫除。海氛瘴雾，吞吐吸呼。蝮蛇魑魅，出怒入娱。习若堂奥，杂处童奴。东坡居士，强安四隅。以动寓止，以实托虚。放此四大，还于一如。东坡非名，岷峨非庐。须发不改，示现毗卢。无作无止，无欠无余。生谓之宅，死谓之墟。三十六年，吾其舍此，跨汗漫而游鸿蒙之都乎？

苏东坡再度施展出了超凡的造境能力，将那荒凉无比的桄榔林，变成了自己的恢宏居所。树干不就是粗壮的柱子吗？树叶不就是屋顶的巨瓦吗？日月正在照亮一切，风雨正在扫除污垢。那些蛇虫鬼魅，不就是宅院中的奴仆吗？苏东坡在这桄榔乌托邦中神游时空，36年的宦海生涯仿佛在这林中重现。

从岭南到海南，从制作桄榔杖到住进桄榔庵，苏东坡爱上桄榔、使用桄榔、吟咏桄榔，用自己"穷且益坚"的生活态度，赋予了这种普通植物特殊的生命意义，就如同陶渊明之于菊、林和靖之于梅。与此同时，他也借助这充满生机活力的桄榔、梅花，借助着不离不弃的朋友、弟子，以及自己强大的造境能力，渡过了漫无边际的人生苦海。

北宋元符三年（1100），苏东坡遇赦北还，横渡沧海，写下《六月二十日夜渡海》一诗：

参横斗转欲三更，苦雨终风也解晴。云散月明谁点缀，天容海色本澄清。
空余鲁叟乘桴意，粗识轩辕奏乐声。九死南荒吾不恨，兹游奇绝冠平生。

虽九死而不恨，以贬谪为奇游，生命底色永远澄清。这一刻的东坡居士，终成"坡仙"！

梦境之外：网师游鱼

宋徽宗建中靖国元年（1101），苏东坡重回大庾岭上，望着当年来时之路，寒梅已落，想起那个如梅花相伴但永远不会再回来的妙人，想起生命低谷中陪

他凌霜傲雪的朋友和弟子，想起那些青梅煮酒论英雄的青春岁月，想起须发皆白但日臻醇熟的自己，写下了寓意深远的《赠岭上梅》：

梅花开尽百花开，过尽行人君不来。
不趁青梅尝煮酒，要看细雨熟黄梅。

这首诗给苏东坡的“梅花之缘”画上一个诗意的句号，也将我的思绪从那五重梦境中带回雅致小园。射鸭廊中没有了李鸿裔，殿春簃中也没有张大千，只有熙熙攘攘的游客们，想在这园中做一回逍遥世外的“网师”。可又有谁真的能成为逍遥世外的渔夫呢？就连苏东坡自己，不也只是条随着命运之钩奔走于黄州、惠州、儋州之间的鱼儿吗？

但我随即又想起了李鸿裔梅花诗碑背后的苏东坡，就在那时那地，他还写下了著名的《记游松风亭》：

余尝寓居惠州嘉祐寺，纵步松风亭下，足力疲乏，思欲就床止息。仰望亭宇，尚在木末，意谓如何得到。良久忽曰：“此间有甚么歇不得处？”由是心若挂钩之鱼，忽得解脱。若人悟此，虽两阵相接，鼓声如雷霆，进则死敌，退则死法，当恁么时，也不妨熟歇。

“进则死敌，退则死法，当恁么时，也不妨熟歇。”这就是苏东坡最伟大之处，也是他留给我们最宝贵的精神财富——即便身在绝境，也别忘了让心灵休憩，也别忘了享受当下！做不成“网师”，就让我们努力做一条苏东坡那样脱钩而去，“忽得解脱”的游鱼吧！

莫向霜晨怨未开，白头朝夕自相催。斩新一朵含风露，恰似西厢待月来。

其七

洗尽铅华见雪肌，要将真色斗生枝。檀心已作龙涎吐，玉颊何劳獭髓医。

其八

湖面初惊片片飞，尊前吹折最繁枝。何人会得春风意，怕见梅黄雨细时。

其十

北客南来岂是家，醉看参月半横斜。他年欲识吴姬面，秉烛三更对此花。

再和杨公济梅花十绝（选八） 〔宋〕苏轼

其一

一枝风物便清和，看尽千林未觉多。结习已空从著袂，不须天女问云何。

其二

天教桃李作舆台，故遣寒梅第一开。凭仗幽人收艾纳，国香和雨入青苔。

其三

白发思家万里回，小轩临水为花开。故应剩作诗千首，知是多情得得来。

其四

人去残英满酒尊，不堪细雨湿黄昏。夜寒那得穿花蝶，知是风流楚客魂。

其六

红梅三首 〔宋〕苏轼

其一

怕愁贪睡独开迟，自恐冰容不入时。故作小红桃杏色，尚余孤瘦雪霜姿。寒心未肯随春态，酒晕无端上玉肌。诗老不知梅格在，更看绿叶与青枝。

其二

雪里开花却是迟，何如独占上春时。也知造物含深意，故与施朱发妙姿。细雨裛残千颗泪，轻寒瘦损一分肌。不应便作夭桃杏，数点微酸已著枝。

其三

幽人自恨探春迟，不见檀心未吐时。丹鼎夺胎那是宝，玉人頩颊更多姿。抱丛暗蕊初含子，落盏秾香已透肌。乞与徐熙新画样，竹间璀璨出斜枝。

和秦太虚梅花

〔宋〕苏轼

西湖处士骨应槁，只有此诗君压倒。东坡先生心已灰，为爱君诗被花恼。多情立马待黄昏，残雪消迟月出早。江头千树春欲暗，竹外一枝斜更好。孤山山下醉眠处，点缀裙腰纷不扫。万里春随逐客来，十年花送佳人老。去年花开我已病，今年对花还草草。不如风雨卷春归，收恰余香还畀昊。

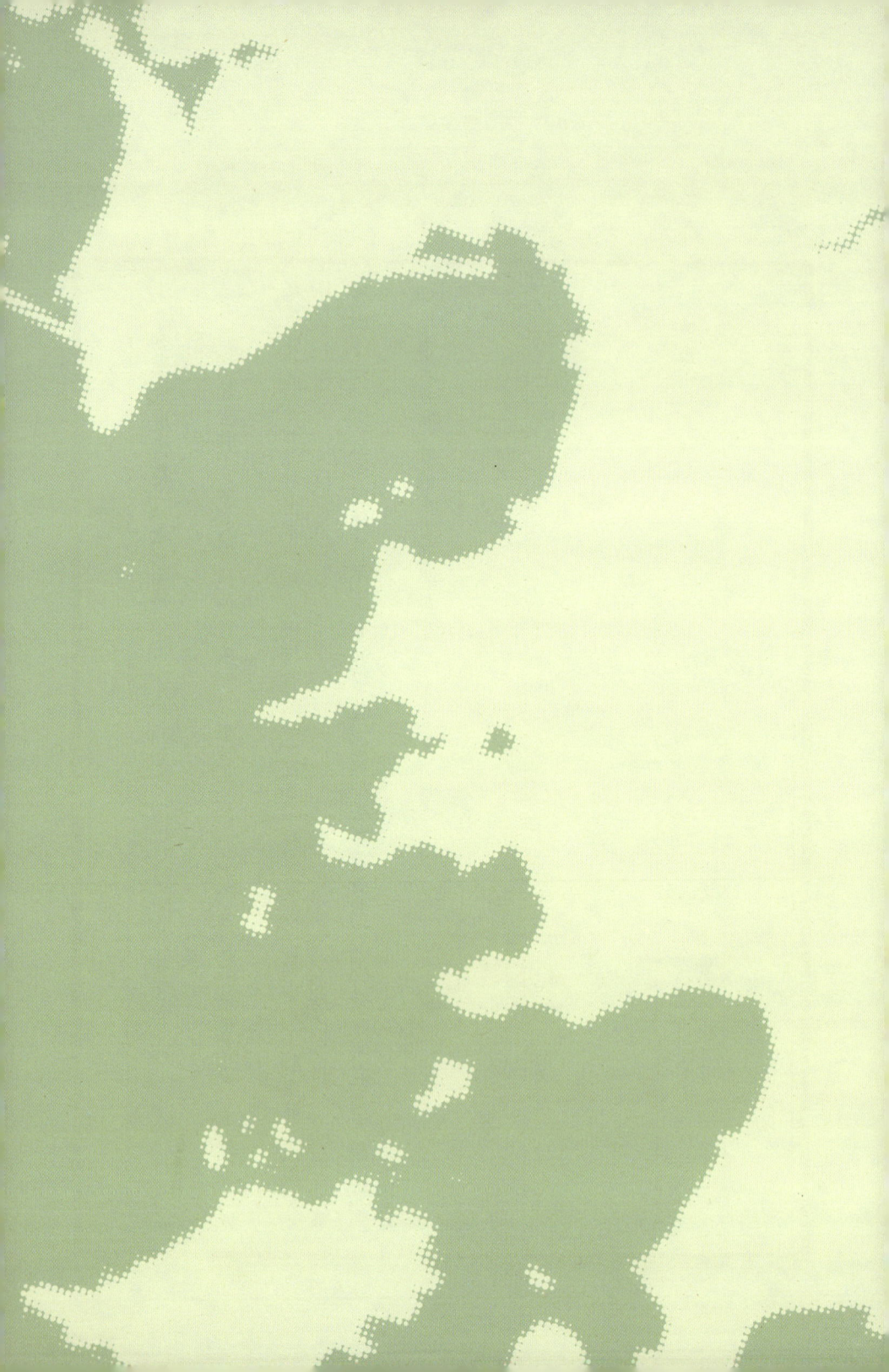

东坡真容

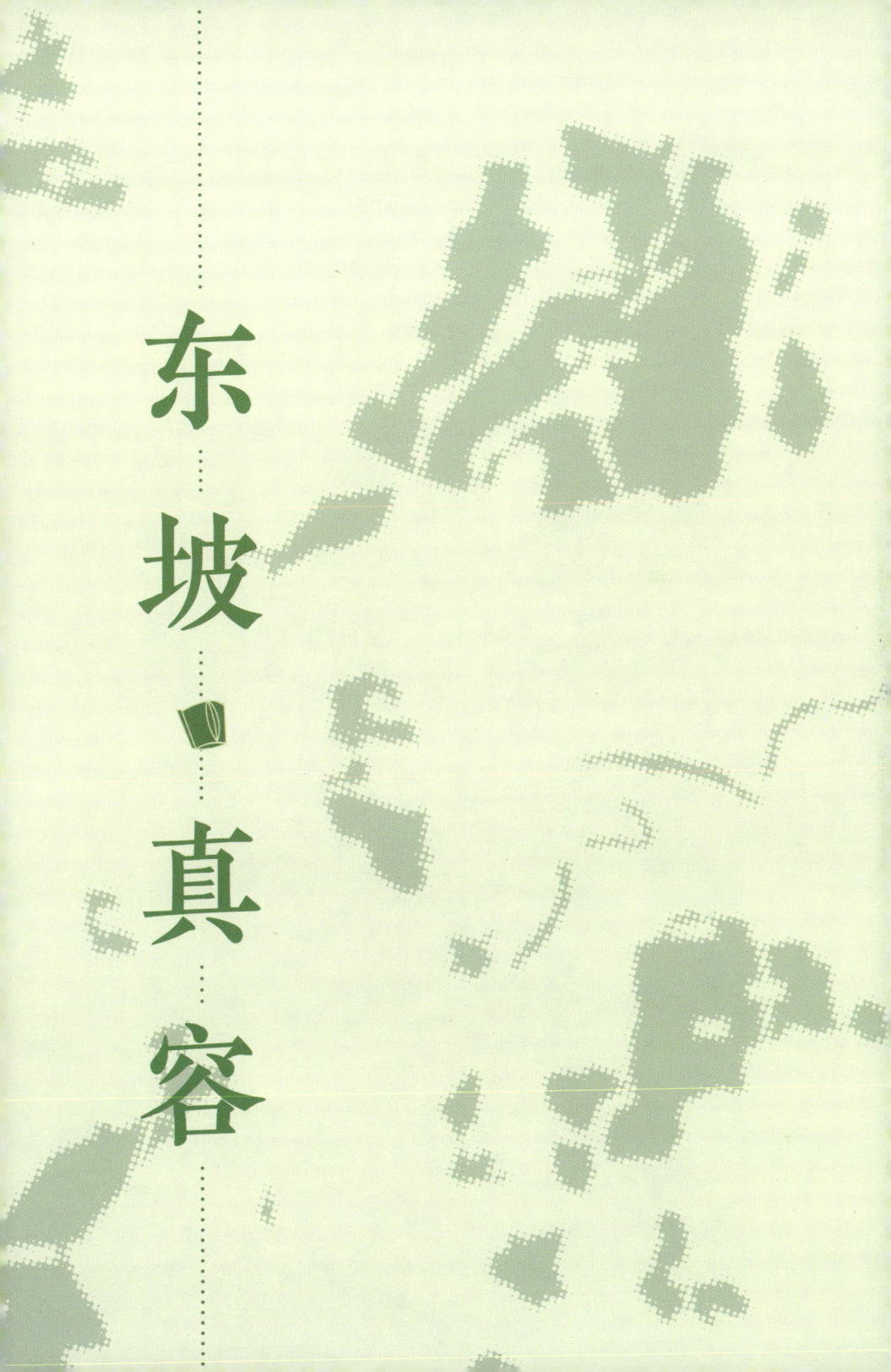

君不见潞州别驾眼如电，左手挂弓横撚箭。
又不见雪中骑驴孟浩然，皱眉吟诗肩耸山。
饥寒富贵两安在，空有遗像留人间。
此身常拟同外物，浮云变化无踪迹。
问君何苦写我真，君言好之聊自适。
黄冠野服山家容，意欲置我山岩中。
勋名将相今何限，往写褒公与鄂公。

这是东坡诗集中一首独特的诗，名为《赠写真何充秀才》，记录了苏州画家何充为苏东坡画像之事。诗中用《开元夜游图》中李隆基挂弓持箭的英姿和《孟浩然骑驴图》中孟夫子皱眉吟诗的形象抒发了身如浮云，遗像空留的感叹。而苏东坡在诗中流露出的些许“勉强”之意，也让我隐约感觉到：东坡的第一幅人生写真，极有可能就诞生于苏州。

问君何苦写我真

那是北宋熙宁七年（1074），38岁的苏东坡卸任杭州通判，出守密州。途经姑苏的时候，老朋友——苏州知州王诲为他摆酒送行。席间歌女们得知这位“天下第一文人”即将离开江南，都面露不舍之色。其中一位歌女还苦苦追问，什么时候能再见到他。苏东坡也被离愁别绪所感染，即席填了一首《阮郎归》：

一年三度过苏台。清尊长是开。佳人相问苦相猜。这回来不来。
情未尽，老先催。人生真可咍。他年桃李阿谁栽。刘郎双鬓衰。

酒酣耳热之时，有苏州画师何充前来拜访。不知道是太守安排、歌女请托，还

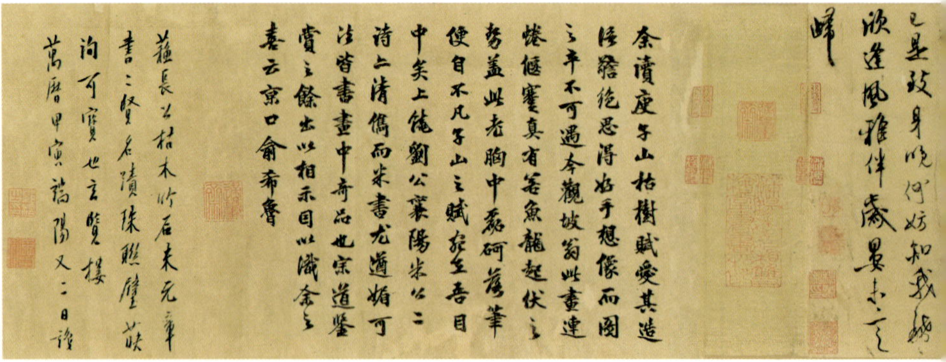

是画师自荐，总之，何充坚持要为苏东坡画一幅写真。他仔细端详苏东坡，偶尔落笔记录，精心策划着画面的整体布局。回到家中，何充沉思良久，挥毫落笔，“东坡”跃然纸上。画中的苏东坡与往常的士人打扮迥异，“黄冠野服”，置身于山岩之中，一副散诞仙人的模样。苏东坡人生中第一幅专业写真，就此诞生了。

何充将画作寄给了苏东坡，收到作品的苏东坡当即回信：

> 人还，辱书，且喜起居佳胜。写真奇妙，见者皆言十分形神，甚夺真也。非故人倍常用意，何以及此。感服之至。所要诗，稍暇作写去。双幅已令蜀中织造。至便寄纳。未即会见，千万珍重。

收人画礼，自当客套几句，信中的称赞或许不能百分百当真。但我在苏东坡写给好友王定国的信函中，看到了他对何充所画之像的更为真实的评价：

> 别来三辱书，劳问之厚，复过畴昔矣。衰缪日退，而公相好日加，所未谕也。又中间一书，引物连类，如见当世大贤。意谓是封题之误，必非见与者，而其后姓字则我也，尤所不谕。然三复其文，词韵甚美，正似苏州何充画真，虽不全似，而笔墨之精，已可奇也……

▲苏东坡传世画作《枯木怪石图》。画上有同时代的书法大家米芾题诗。另一幅被认为是苏东坡真迹的《潇湘竹石图》，现藏于中国美术馆。

用何充之画来比拟精奇之文，自然是褒扬之意。“虽不全似，而笔墨之精，已可奇也”——虽然外表画得并不是全然相似，但是那种内在的精气神已经充溢笔间。这应该是“重意”的东坡更希望达到的境界。

苏东坡自己就是画画的高手，虽然他的画技不如诗文、书法那么冠绝一世，但却开了后世文人画的先河。苏东坡最喜欢画竹、石，有《枯木怪石图》《潇湘竹石图》传世，《枯木怪石图》中枯木如鹿角，怪石如蜗牛，后世评价其“怪怪奇奇，盖是描写胸中磊落不平之气，以玩世者也”。苏东坡自己则在诗中说“论画以形似，见与儿童邻”，可见他在画中所追求的东西早已经超越了形似，直指精神与意气。

可惜，何充所画的东坡像未能流传后世，我猜想它失落于乌台诗案之时。不知道颠沛流离于黄州、惠州、儋州之时，苏东坡是否会想起他人生中的第一幅写真，“黄冠野服山家容，意欲置我山岩中”——或许那时求为田舍翁而不得的苏东坡才真正明白：那幅写真背后藏着苏州人何充对他最深的祝福。

东坡真容画中藏

苏州古城中的罗汉院，始建于唐代，大殿在太平天国时期的战火中被付之一炬，只剩下建于北宋初期的双塔，矗立在苍凉的石柱、石础之前。它们曾见过苏东坡出入府衙，沉醉于吴侬软语、水磨腔调；也见过何充执笔灯下，画出苏东坡黄冠野服、林泉之貌。

虽然何充所画的东坡像未能流传下来，但双塔之下的碑廊中，留下了另外一幅被认为是宋代画师所绘制的东坡画像——《苏文忠公宋本真像》。画像是如何诞生的，无人知晓，其背后是不是也有一位何充般的秀才，亦不可知。我们只知道，清乾隆年间，它是苏州著名收藏家陆恭府中珍藏的一幅卷轴画。

彼时的头号“苏迷”，是士林领袖、内阁学士翁方纲。他收藏有宋本《施顾注东坡先生诗》、东坡真迹《嵩阳帖》，并把自己的书斋命名为“宝苏室”。翁方纲还在京师组织寿苏会的活动，每年东坡诞辰之际，召集文人雅士，拜谒东坡画像，鉴赏东坡真迹，共和东坡诗词。于是，在某一时刻，这幅《苏文忠公宋本真像》被陆恭作为一件珍贵礼物，送到了京师翁方纲府中。

翁方纲见像大喜，写下长诗《坡公真像吴门陆谨庭寄赠》记录此事并一舒胸怀。长于考证的他，还将这幅画像和元代赵孟頫所画的东坡图、长洲李枢所藏的写本、南海朱完摹刻自宋本的“坡仙”像做了仔细比对，得出结论：世间流传最广的“丰颐多髯”的形象并不是苏东坡的本来面目，而可能出自苏东坡旧友手笔的这幅《苏文忠公宋本真像》，才更能真实地反映出苏东坡面容上的诸多特征。

在苏东坡生前，为他绘制过写真的人当中，最有名的就是大画家李公麟了。李公麟，字伯时，号龙眠居士，与苏东坡交往甚笃。他所画的东坡像，得到了时人的极大认可。黄庭坚在《跋东坡书帖后》就曾这样写道：

▶元代书画大家赵孟𫖯所画的东坡图。赵孟𫖯极为崇拜苏东坡，曾多次书写《赤壁赋》等东坡名作。

庐州李伯时近作子瞻按藤杖，坐盘石，极似其醉时意态。此纸妙天下，可乞伯时作一子瞻像，吾辈会聚时，开置席上，如见其人，亦一佳事。

从黄庭坚的描述中可见，李公麟的东坡写真确实是抓住了他最重要的特色，达到了形神兼备的程度。而翁方纲认为，他得到的这幅《苏文忠公宋本真像》与后世多个摹本特点一致，很可能就是李公麟的真迹。

多年之后，这幅画像又被翁方纲作为一件珍贵信物，传给了他最得意的学生李彦章，以勉励其延续寿苏会的传统。李彦章不负其师重托，宦游所至，必定寻找东坡痕迹，发扬东坡文化。他来到苏州任职后，在定慧寺后新建苏祠，便将这幅画像刻石树碑，并配以翁方纲诗词和题跋，以供士人拜谒追怀。于是，《苏文忠公宋本真像》又以这种形式，回到了苏州。

华严长者貌古奇

那北宋现象级人物、第一才子苏东坡，到底颜值几何呢？也许双塔之下的这幅东坡像能给我们最直观的感受。

从画像上可以看出，苏东坡脸型颇显瘦长，确实跟许多现代画像中的“豪放大脸”完全不同，更多几分文气。其实这一特点在东坡友人的诗歌中，也能找到佐证。比如米芾在《苏东坡挽诗》中曾这样描绘坡仙之貌——“方瞳正碧貌如圭”。“方瞳正碧”是古人所谓神仙之貌，而“貌如圭”则是说东坡脸型瘦长，就如同帝王贵族手中所持的上尖下方的长条状礼器——玉圭。民间故事中也提到了苏东坡的这一容貌特点，虚构人物苏小妹就曾以“去年一滴相思泪，至今未流到腮边”这样的诗句，来取笑哥哥脸长，可见苏东坡“脸长如圭”已经成为正史与野史中的共识。

进一步观察，我们能看到苏东坡的面颊瘦削，而颧骨突出，略带一种冷峻骨感。苏东坡对自己这一容貌特点也非常了解，他在《书陈怀立传神》一文中，曾记载了这样一件趣事："吾尝于灯下顾自见颊影，使人就壁模之，不作眉目，见者皆失笑，知其为吾也。"朋友只用看脸颊颧骨的轮廓，就能够认出他，可见其辨识度是非常高的。

苏东坡的眉眼也很有特色，是典型的"疏眉凤眼"，眉毛不粗，眼形细长，眼尾挑起，双目炯炯有神，正如他的友人孔武仲在诗中所赞"华严长者貌古奇，紫瞳奕奕双双眉"。在北宋乔仲常的《后赤壁赋图》、赵孟頫的《苏东坡小像》等传世名作中，苏东坡这一外貌特征也得到了完美印证。试想，苏东坡那冷峻撩人的眉眼一挑，再浅吟一句"多情总被无情恼"，请问哪个大宋女"粉丝"能不粉脸羞红、小鹿乱撞？

碑刻上的苏东坡胡须虽垂至前胸，但并不浓密，更没有络腮胡。在宋人邵博所著的《邵氏闻见后录》中，曾有一则苏东坡和弟子秦观互相调侃的小故事：

> 秦少游在东坡坐中，或调其多髯者，少游曰："君子多乎哉！"东坡笑曰："小人樊须也。"

这是两位文人所玩的文化"谐音梗"，秦观用"君子多乎（胡）哉"来自夸，并暗笑胡须不多的苏东坡不是君子，而苏东坡同样用《论语》中的话"小人樊（繁）须也"来反击，说胡须繁密的秦观是个小人。可见，在宋代人的记忆中，东坡并非美髯公的造型。

还有一处值得关注的是，画像上苏东坡所戴的帽子，颇有特色，这正是在元祐年间风靡一时的"东坡帽""子瞻样"。南宋胡仔所著的《苕溪渔隐丛话前集》

中就曾有这样的记载："盖元祐之初，士大夫效东坡顶短檐、高桶帽，谓之子瞻样。"可见当年苏东坡人气之高。

翁方纲跋文中称"按《陵川集》云，坡公真像面有黑痣"，但由于碑刻风雨侵蚀，我仔细观察，也难以看清。但一个偶然机会，我在苏州碑刻博物馆的展览中见到了这块碑的老拓片，拓片上黑白分明，清晰可见苏东坡右颊确实有数点黑痣，但毫不影响其清矍潇散之容。

石刻上唯一容易让人误解的，便是苏东坡的身高——古代画师并不擅长处理人物身材比例，因而画像上头戴高帽、宽袍大袖的苏东坡似乎显得有点矮小。但其实苏东坡只是不幸被"古代摄影师""拍"成了身高只有"一米五"。他自己曾有诗说："长身自昔传甥舅""七尺顽躯走世尘"。很明显，他是继承了母亲一脉的身高基因，长成了那个时代引人注目的大高个子。

看着碑刻上的苏东坡，我很愿意相信这就是他真实的样子。在我心中，正是这样的眼，才能睥睨天下文士；正是这样的口，才能吟咏出旷世文章；也正是这样的清矍瘦劲之姿，才能在宦海风云之中保持初心，绝不随波逐流。

戴笠着屐走泥泞

其实双塔石碑上的形象是不是东坡真容，并没有那么重要。因为人们仰慕的是他绝世的才华、不屈的精神和生活的态度。历朝历代的文人在为苏东坡画像的时候，大多并非着眼于形似，而是希望画出苏东坡的神韵和精神，以此鼓励自己不断前行。这其中就有明代苏州画坛传奇人物唐寅。

唐寅画的是一幅《东坡笠屐图》，画中的苏东坡面容清瘦，头戴斗笠，身着长衫，脚蹬木屐，双手轻提衣服，行于泥泞之中。画上还有唐寅自题的一首五言诗：

东坡在儋耳，自喜无人识。往来野人家，谈笑便终日。
一日忽遇雨，戴笠仍着屐。逶迤还到家，妻儿笑满室。
歆哉古之人，光霁满胸臆。图形寄瞻仰，万世谁可及。

诗和画仿佛是时光的双翼，带我回到了近千年之前的儋州，被贬谪此地的苏东坡去拜访好友黎子

▼唐寅所作的《东坡笠屐图》。画中只见苏东坡，未见泥泞，似乎世间一切险阻，在苏东坡面前都不值一提。

云，归途遇雨，他便到道旁农家借了当地人的箬笠、木屐，面带微笑、旁若无人地走在泥泞小道上。生活虽然清苦，但苏东坡却能自得其乐。相比起黄州“沙湖道中遇雨”之时，他多了一份随性和天真：雨来便戴笠，泥多便着屐，去拥抱当下，将粗鄙凌乱的生活过成诗与远方，真正做到“此心安处即吾乡”。

而这可能正是唐寅毕生仰慕和追求的东西。他当年乡试夺魁，天下皆知，被称为“唐解元”，但又在第二年的会试中被卷入科场舞弊案，被罚往浙江为吏，终身不得为官。之后他漂泊江湖，空有一身才华，却只能卖画为生。唐伯虎创作此画，应该是想借“坡仙”儋州之事勉励自己，即便是在没有灯火的暗巷中行走，也别忘了仰望星辰。当然，这里或许也寄托着他最深的期望——有一天他也会像苏东坡一般，渡海归来，山河表里，引人注目！

唐寅的老师、一代名臣王鏊也对苏东坡极为仰慕。王鏊，字济之，苏州人，科举考试高中探花，官至宰辅，是明代苏州士人的集体偶像之一。唐寅曾赠联赞其为“海内文章第一，山中宰相无双”。今天苏州太湖边的陆巷古村中，还保留着他的故居、牌坊和墓地。王鏊在其文集中留下了一篇《东坡笠屐图赞》，或许就是看了唐寅这幅画之后的感慨，其词曰：

> 长公天仙，谪堕人界。人界不容，公气逾迈。斥之杭州，吾因以游。投之赤壁，吾因以适。琼厓儋耳，鲸波汗漫。乘桴之游，平生奇观。金莲玉带，曰维东坡。戴笠着屐，亦维东坡。出入诸黎，负瓢行歌。十惇百卞，其如予何！其如予何！

王鏊极力赞颂了苏东坡在人生各个境遇之中展现出来的那种随遇而安的生活状态，不管是“金莲玉带”，还是“戴笠着屐”，都是苏东坡本色的体现。即便是被贬谪到了天涯海角，即使世界上有十个章惇、百个蔡卞，又能拿苏东坡怎么样呢？章惇和蔡卞都是新党骨干，他们促使苏东坡远谪蛮荒之地，却意外成就了苏东坡一生的“功业”。

王鏊的人生中，遭遇过比章、蔡更为凶狠的敌人，那就是太监刘瑾。明武宗时期，刘瑾专权，吏治大乱。作为宰辅的王鏊，竭尽所能，维持朝政，保护良善。虽最终不敌，但王鏊从未屈服，也绝不同流合污，而是退隐林下，著书立说。那句“十惇百卞，其如予何”已展现出他从苏东坡那里获取的无所畏惧的精神力量，他借对苏东坡的赞语说出了对刘瑾之徒的豪迈宣言。

是的，每个人都能从苏东坡那种身处绝境却依然乐观天真的生活态度中汲取精神养分，而那些敢于抵抗命运的人永远不会成为笑话！

竹杖芒鞋轻胜马

在苏东坡的传世画像中，我自己最喜欢的是元代书画家赵孟頫所画的那幅东坡小像：头戴子瞻帽，手持绿竹杖，面容清癯，徐徐而行，一股文人之气扑面而来。这类策杖图也是除笠屐图之外，最受士人欢迎的东坡形象。

“杖”是东坡诗文中一个非常重要的意象，据统计出现过八十多次。它跟年龄并没有关系，而是象征着一种闲适的生活态度，也是逆境中的苏东坡为自己所寻找的另一个人生的支点，帮助他在孤立无援的困境中获得安慰和平衡。“竹杖芒鞋轻胜马”“自爱铿然曳杖声”，这些传世名句，为我们描绘出一个策杖前行的孤勇者形象。尤其是那首著名的《临江仙·夜饮东坡醒复醉》，让我们看见了苏东坡“倚杖独立”时的内心世界。

夜饮东坡醒复醉，归来仿佛三更。家童鼻息已雷鸣。敲门都不应，倚杖听江声。　　长恨此身非我有，何时忘却营营。夜阑风静縠纹平。小舟从此逝，江海寄余生。

正是从苏东坡开始，“杖”仿佛成为文化、气节世代相传的一种象征和信物。每个文人都以能接过苏东坡手中之“杖”而倍感骄傲。在苏州，接过“东坡之杖”的是著名书画家沈周。

沈周，字启南，号石田，苏州人，是吴门画派的创立者，也是文徵明、唐寅等吴门文人的老师。他一生布衣，不慕功名，以诗书画为业。在他的画作中，我看见了大量的策杖独行者的形象，比如他著名的《杖藜远眺图》《策杖图》《策杖访友图》《落花诗意图》《杖履寻春图》《为碧天上人作山水图》等作品，以及《东庄图册》《卧游图册》中的部分画作，都是以策杖独行者为主角。

在这些画作中，我仿佛能看见沈周挥毫泼墨，画下大山、沟壑、草木、旅人，然后停顿片刻，再画下那源自苏东坡的竹杖，整个画面顿时便活了起来，云雾缥缈，溪水潺湲，独行者再不孤独，他信步而行，与自然山水融为一体。

沈周对东坡精神的承继，是主动的，也是自然的。他和苏东坡一样，都有着细腻的感触，能够将这种感触上升到一种人生哲理的思考；他们也都有着丰富的感情，并将其挥洒于诗歌、书画之中。而更重要的是，当他们面对那些看似“无解”的人生苦痛时，总能让自己与天地、日月、山水、草木共情，在宏大的时空中消解那些个人的苦痛，在看似虚无之境中求得真实的人生答案。

暮年的沈周曾有一次对苏东坡的致敬之旅，目的地是镇江金山寺。由于要照顾母亲，沈周一生都没有过远行，游历未出江南，金山寺就是他人生旅途中的“极北之地”了。这里曾是苏东坡多次驻足的地方，留下了众多经典诗篇和有趣故事。

沈周站立舟中，难掩激动之情，他眺望着远处那犹如从龙宫涌出的金山，就仿佛看见了当年渡海归来、睥睨天下的“不羁人”苏东坡。他在舟中写下了一首七律《登金山》：

▲沈周山水画册中的《林亭幽静图》。一位文士向着山巅空亭曳杖而行，他将在那里看见绝美的风景。

龙宫涌出玉嶙峋，乍眼来看极悚神。
满地莫论无坐处，中流真见不羁人。
墙低树少多容月，石瘦花悭晏得春。
舟楫一江名利路，烟波谁谓不生尘。

之后离舟上岸，策杖登山至绝顶妙高台，俯视长江，一生的得失荣辱、自由拘束尽现眼前。此时，沈周唯一的愿望，便是能够把酒临风，唤出东坡，与这位一生的偶像同醉。于是他写下了《登妙高台》：

登台见青草，默默感今昔。
江山本旧观，形胜我新识。
江山不因台，流峙天自辟。
台固为江山，亦当为游客。
往来相无穷，有得与不得。
坡老莫可呼，举酒酬江色。

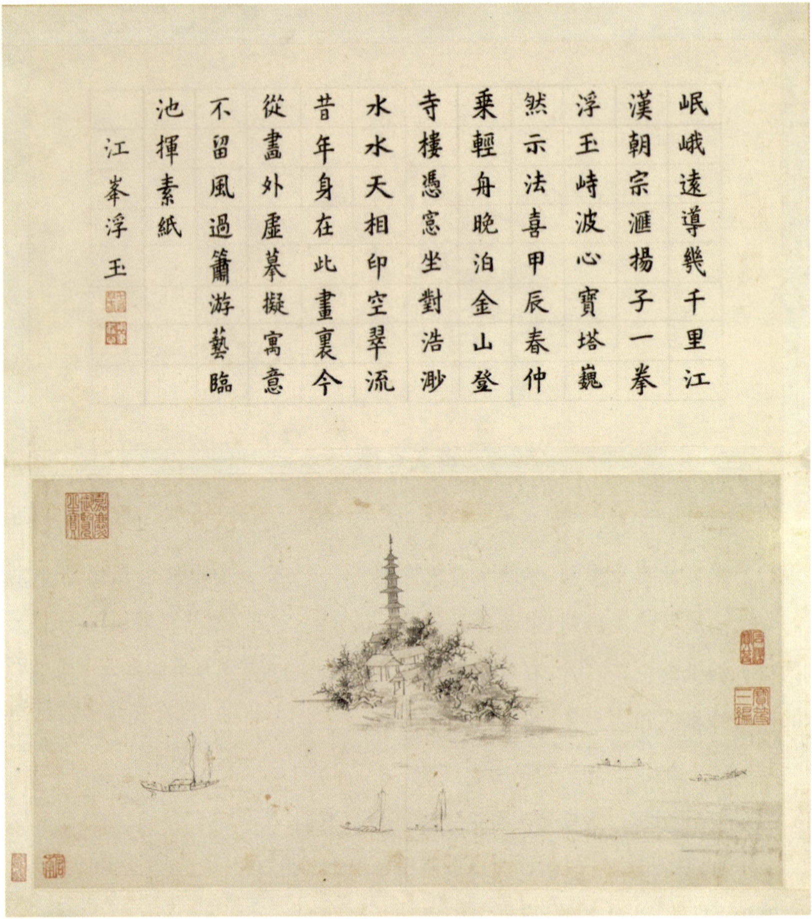
岷峨遠導幾千里江
漢朝宗滙揚子一拳
浮玉峙波心寶塔巍
然示法喜甲辰春仲
乘輕舟晚泊金山登
寺樓憑窓坐對浩渺
水水天相印空翠流
昔年身在此畫裏今
從畫外虛摹擬寓意
不留風過簫游藝臨
池揮素紙
江峯浮玉

▲沈周所作的《金山图》。画上题诗中“昔年身在此画里，今从画外虚摹拟”之句，表现出他对当年金山之游的念念不忘。

这是一个“不羁人”写给另一个“不羁人”的书信。我相信，那一天长时间倚杖江边的沈周，凝望着悠悠流淌的岷峨之水，一定在那不绝于耳的涛声中，听到了苏东坡穿越了历史的长河，送来的一声悠远回音。

平生功业问三州

除了唐寅、沈周，苏州的画家们也都在以自己的方式为苏东坡画像。文徵明更喜欢描绘苏东坡游于赤壁之下的场景，而仇英则画下了苏东坡和朋友们悠游园林之中的西园雅集。每个人都勾勒着自己心中的苏东坡——他就如一面多棱镜，让每一个往里面张望的人，从中看见有趣的灵魂，以及自己想要的生活。这就如同东坡自己在《泛颍》一诗当中所说："散为百东坡，顷刻复在兹。"

而东坡自己，又能从这面多棱镜中看见什么呢？南宋宰相周必大的《乾道庚寅奏事录》和南宋诗人杨万里的《诚斋诗话》中记载的同一件事给了我们答案：苏东坡从海南北还，泊舟镇江，又入金山寺，再登妙高台（也就是数百年后沈周举杯吟诗的地方）。忽然在壁间看见了自己的画像，这幅画出自他的族侄、成都中和院僧人表祥之手。

苏东坡在画像前站立良久，凝视着另一个自己，也凝视着生命中的爱人、亲人、友人、敌人，重温着生命中的欣喜、悲痛、失落、茫然，回味着中举、入朝、党争、贬谪的每个瞬间。他轻声问画像上的自己：万里归来，此身已老，除了苦难，所得几何？——是的，我心中那些经世济民的方略，大多未能实现。但威权从未让我屈服，苦难从未将我压垮，我在人生的起落之间，终于觅得了心灵的自由，就像那长江之上的一叶扁舟。想到这里，他淡然一笑，提笔在画上写下了一生中最意义非凡的那首诗：

目若新生之犊，心如不系之舟。
要问平生功业，黄州惠州崖州。

外者也，故以所闻助发之。

书陈怀立传神

〔宋〕苏轼

传神之难在于目。顾虎头云：『传神写照，都在阿堵中，其次在颧颊。』吾尝于灯下顾见颊影，使人就壁画之，不作眉目，见者皆失笑，知其为吾也。目与颧颊似，余无不似者。眉与鼻口，盖可增减取似也。传神与相一道，欲得其人之天，法当于众中阴察其举止。今乃使人具衣冠坐注视一物，彼敛容自持，岂复见其天乎？凡人，意思各有所在，或在眉目，或在鼻口。虎头云：『颊上加三毛，觉精采殊胜。』则此人意思，盖在须颊间也。优孟学孙叔敖抵掌谈笑，至使人谓死者复生，此岂能举体皆似耶？亦得其意思所在而已。使画者悟此理，则人人可谓顾、陆。吾尝见僧惟真画曾鲁公，初不甚似。一日，往见公，归而甚喜，曰：『吾得之矣！』乃于眉后加三纹，隐约可见，作仰首上视，眉扬而额蹙者，遂大似。南都人陈怀立传吾神，众以为得其全者。怀立举止如诸生，萧然有意于笔墨之风雪，今觌贞松筠。趺坐思无邪，研铭德有邻。又到笋脯筵，峻岳崧生申。

坡公真像吴门陆谨庭寄赠

〔清〕翁方纲

我斋奉公像，百摹不一真。漫堂镂施注，元迹云传神。又见梅溪本，松雪下笔亲。肥瘦迥不同，笠屐名则均。世称仙目髯，每儗于思伦。岂知髯逸气，超绝凡笑嚬。两颧清不肥，修眉秀峨岷。神在目炯光，下上照千春。轴有声衲偈，传自吴阊闉。松下叟得之，以供吾几陈。憬然始下拜，往者空墙循。此中浩然气，蟠塞上青旻。自有词翰来，几得并斯人。窃叨弆公集，箧公墨稿新。卅秋积疑处，一旦获快伸。故合千载缘，怜我四壁贫。锵然响云軿，碧空骖凤麟。顾我书斋粲，含意粹以醇。公诗非放笔，中有遗火薪。庶几仰窥之，破牖悬星辰。渴怀梦耿耿，远自粤海滨。番禺朱季美，德云参嶙峋。金山龙眠笔，江水所问津。匡庐本来面，悟此清净身。横岭与侧峰，分合谁主宾。异哉漫堂补，肯共邵髯论。松雪盖临此，兰亭帖未湮。所以郝陵川，题为王安仁。面右多黑子，江月凌霜晨。苏斋澹离世，文比欧公复并年。我不衔恩畏清议，束刍难致泪潸然。

其四

平生出处不同尘，末路相知太息频。力疾来辞如永诀，古书跋赞许犹新。荆州既失三遗老，碧落新添几侍晨。若诵子虚真异世，酒佣尸佞是何人。

其五

招魂听我楚人歌，人命由天天奈何。昔感松醪聊堕睫，今看麦饭发悲哦。长沙论直终何就，北海伤毫怍更多。曾借南窗逃蕴暑，西山松竹不堪过。

苏东坡挽诗五首 〔宋〕米芾

辛巳中秋，闻东坡间以七月二十八日毕此世。季夏相值白沙东园，云『罗浮尝见赤猿，后数入梦。』

其一

方瞳正碧貌如圭，六月相逢万里归。口不谈时经噩梦，心常怀蜀俟秋衣。可怜众热能偏舍，自是登真限莫违。书到乡人望还舍，晋陵玄鹤已孤飞。

其二

淋漓十幅草兼真，玉立如山老健身。梦里赤猿真月纪，兴前白凤似年辰。将寻贺老船虚返，欲近要离烈可亲。忍死还来天有意，免称圣代杀文人。

其三

小冠白氎步东园，元是青城欲度仙。六合著名犹似窄，八周御魅讫能旋。道如韩子频

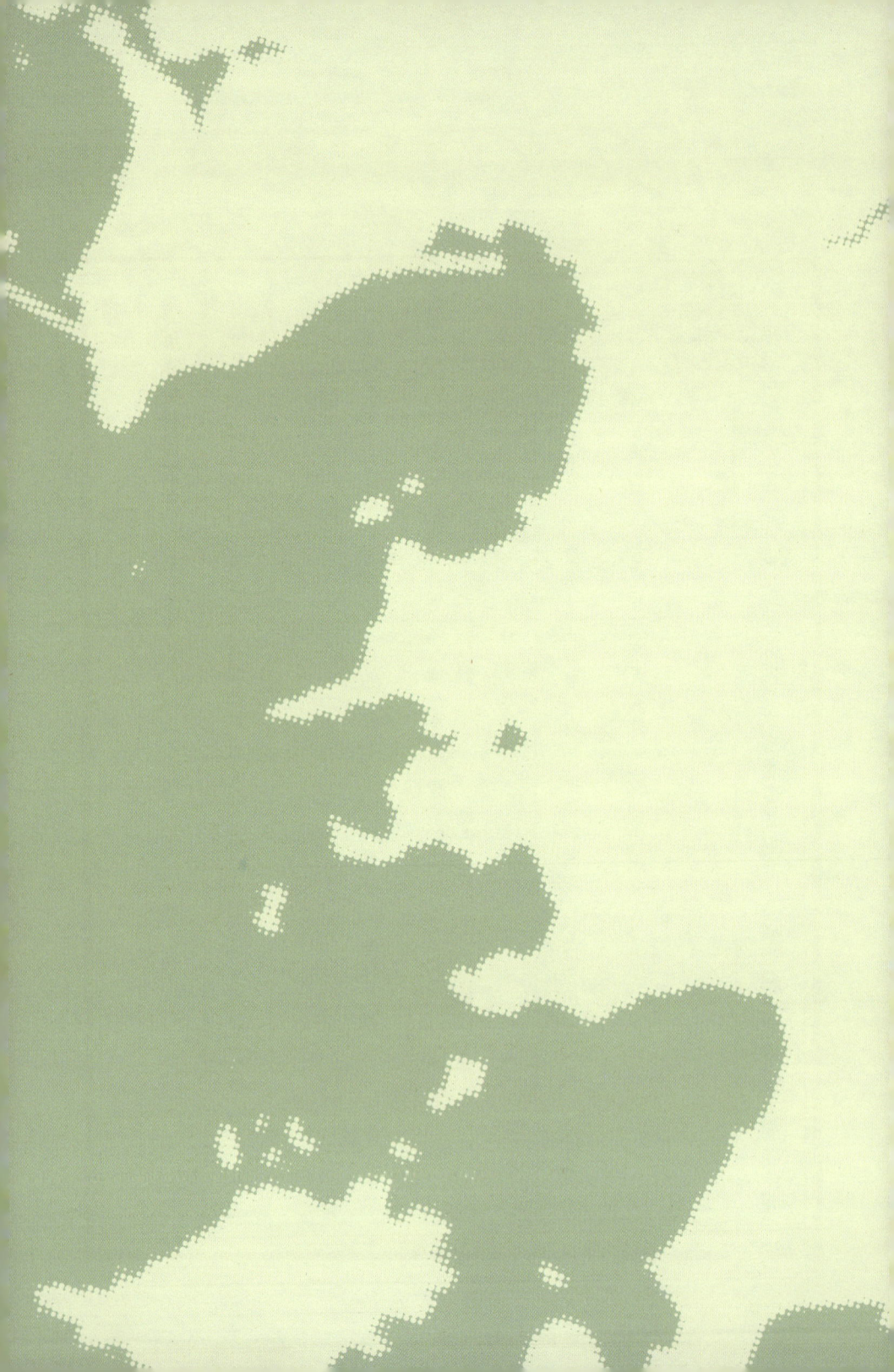

耦园寿苏

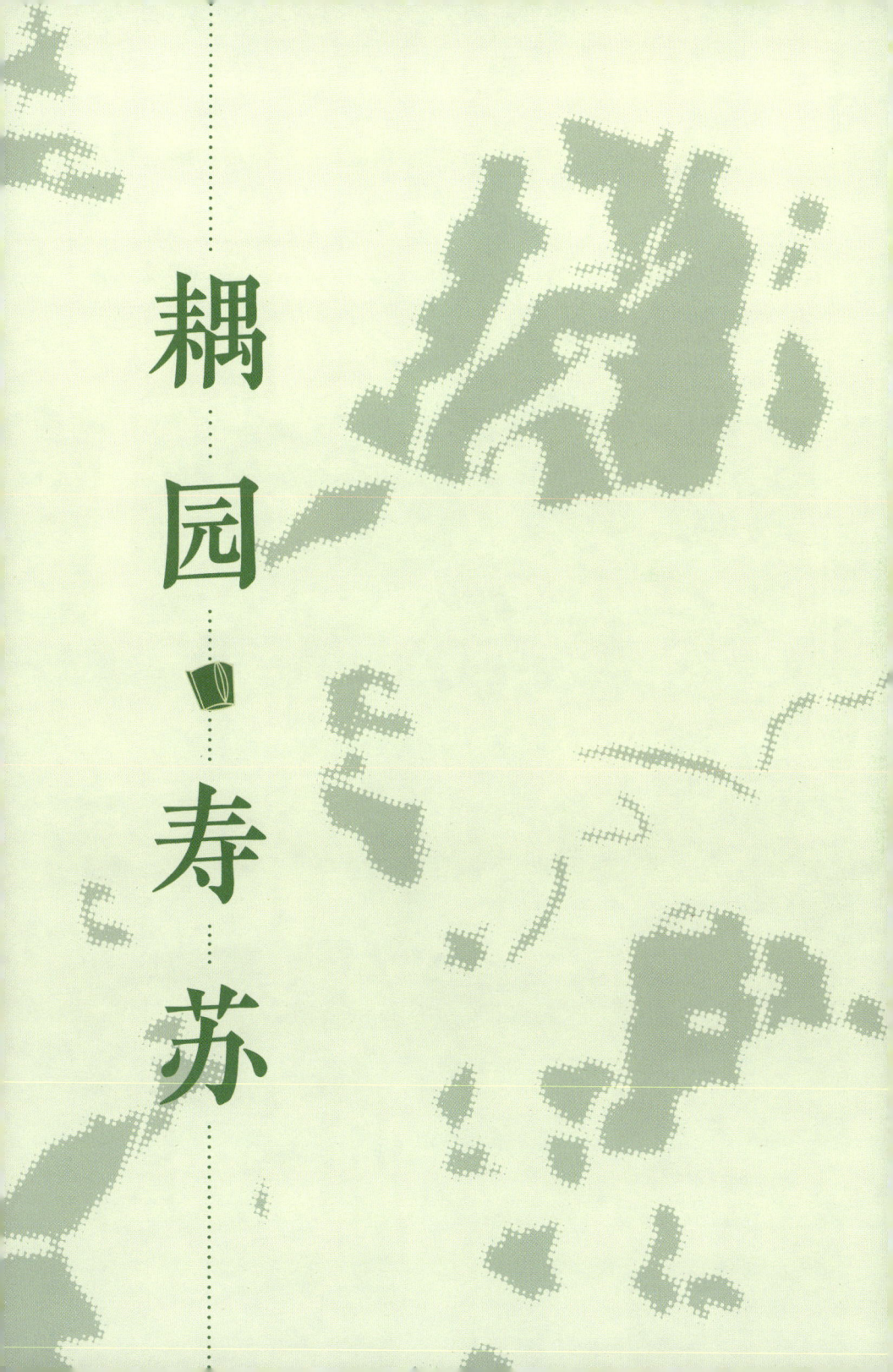

在苏州古典园林中，耦园独具爱情主题。园主沈秉成进士出身，学养深厚，而夫人严永华能诗能画，是当世才女。才子佳人，枕波双隐，传为美谈，而耦园也因此成为天下有情人到苏州必游之处。我则独爱这里三面临水的幽静和黄石假山的雄浑，每当百年山茶开放的时候，我总会到池畔山前城曲草堂边小坐，看着花开花落，想象着100多年前，一群风流洒脱的苏城文人相会于此，诗酒联欢，为伟大的东坡先生庆祝生辰。

草堂又闻赤壁歌

那是清光绪庚辰，正值腊月十九日，是个清冷冬日。江苏按察使许应鑅，召集耦园主人沈秉成、怡园主人顾文彬、苏邻园（网师园）主人李鸿裔、养闲草堂主人潘曾玮、听枫园主人吴云、书法家苏元瑞等诸多在苏文士，共聚耦园城曲草堂，为苏东坡祝寿。

这次雅集可谓名流汇聚，除了沈秉成、顾文彬、李鸿裔等园林主人，召集人许应鑅虽是广东番禺人，但已在苏州为官多年，颇有政声。他任江苏按察使期间平反冤案数百，被百姓尊为“许青天”。数十年后，他的孙女许广平，成为文豪鲁迅的第二任妻子。潘曾玮，字玉泉、季玉，是清代苏州状元、武英殿大学士潘世恩的第四子，诗词书法均造诣不凡。吴云，浙江湖州人，字少青，一作少甫，号愉庭，晚号退楼主人，曾任苏州知府，收藏鼎彝、碑帖、名画颇丰。

雅集的主宾苏元瑞，出生于广西蒙山，是晚清知名的儒将，参加过清军在广西、越南一带抗击法国军队的战役，一笔隶书很见功力，并雅好诗文，有《鹤荔堂诗草》传世。而他的两位堂兄，更是战功卓著：苏元春两任广西提督，苏元璋因功被授予记名提督。苏家三兄弟被世人称为“武三苏”，与四川眉山的“文三苏”隔空辉映。

今天“武三苏”中的苏元瑞，来为“文三苏”中的苏东坡祝寿，也成为这次雅集让人津津乐道的话题。众人在草堂之中悬挂了五幅东坡画像，画下摆放着各家所收藏的法帖和诗文。清供水果是精心挑选的“丹荔青橙”，均为东坡诗中之物。而最重要的杯中琼浆，则是当年苏东坡在惠州时最喜欢的桑落酒。草堂之外，留云岫巍峨连绵、隐现红色，受月池清风徐来、水波不兴，仿佛就是苏东坡笔下的赤壁和江湖。

许应鑅早已请人备好了丰盛酒席，大家依次拜谒了东坡像，共同举杯，遥祝这位“千古第一文人”生日快乐。之后畅谈东坡旧事，细品诗词歌赋，也借这“东坡之酒”各浇胸中块垒。酒至半酣，满面红晕的养闲草堂主人潘曾玮，起身振衣，昂首高唱“大江东去”的曲调，其声穿石裂云，仿佛东坡再生。众人或击节叫好，或含笑同唱，赤壁怀古之词遂响彻耦园。

雅集渐入佳境，众人诗兴已燃，纷纷暗打腹稿，要以诗词作礼，再为苏东坡贺寿。而就在此时，有侍女送来了严永华即兴创作的一首七律，诗云：

消寒雅集祝生辰，玉局重联香火因。
西子湖犹留胜迹，峨眉月好问前身。
知音海内惟难弟，忧国天涯有逐臣。
解唱大江东去曲，髯翁疑是再来人。

众人读罢，连声叫好，称赞其不愧为“不栉书生”，已拔得今日诗坛头筹。听枫园主人吴云画兴亦起，即席挥毫，摹作了一幅东坡像，果然栩栩如生。沈秉成应众人之请，唤出夫人严永华，将其作品题于画上。诸文士纷纷作诗相和，题写其后，一时之间，佳句频出。尤其是怡园主人顾文彬，连咏八诗，其中一首这样写道：

▶耦园寿苏会留下的《东坡先生小像》。画上留有沈秉成、严永华、顾文彬、吴云等苏州文化名人的题诗。

未了消寒九九辰，眉山介寿缔良因。熏笼香篆腾千眼，画灯真形化百身。
公倘听琴停鹤驭，我当供蜜采蜂臣。诗人此日同跻祝，今古如公有几人。

该诗不仅对苏东坡赞誉有加，还专门提到了怡园和苏东坡的渊源——园中坡仙琴馆藏有苏东坡监制的古琴。雅集上的每个人都在寻找自己和这位“千古第一文人”的独特渊源。

有诗有酒，有歌有画，有才子有佳人，此刻的姑苏耦园仿佛是800年前的汴京西园。

唯有朝云能识我

这场雅集的召集者许应鑅在吴云所画的东坡像旁也题写了两首诗，我从诗中读出了这场东坡生日会的一点“新意”：

耦园雅集选良辰，共与髯仙结胜因。
旧雨联吟泥上爪，朝云悟道画中身。
（斋中悬坡公像数帧，中有朝云悟禅图。）
新诗跌宕潘邠老，奇石玲珑李正臣。
俛仰豪怀今视昔，最难不栉遇才人。

我生周甲值庚辰，翰墨缘深证夙因。
北海尊罍留后约，东坡笠屐认前身。
骚坛健将将三老，酒国雄师萃十臣。
丹荔绿橙足清供，追陪犹有岭南人。

诗中的第二联和自注，让我看到了一百多年前的城曲草堂中，除了高悬东坡画像外，还挂着一幅《朝云悟禅图》。我猜想，或许是因为雅集在才子佳人居住的耦园举行，因而特意安排了这样的爱情元素吧。

苏东坡一生有三位重要伴侣：原配王弗，知书达理，聪慧谦谨，可惜情深不寿，27岁便撒手人寰；续配王闰之，贤惠持家，陪苏东坡贬谪黄州，但似乎难称灵魂伴侣；而王朝云原是钱塘歌女，聪明伶俐，被东坡收为侍女，18岁后纳为侍妾。

三人之中，王朝云最能当得苏东坡的红颜知己，这从宋代费衮所著的《梁溪漫志》中的一件趣事可以看出：

> 东坡一日退朝，食罢，扪腹徐行，顾谓侍儿曰："汝辈且道是中何物。"一婢遽曰："都是文章。"坡不以为然。又一人曰："满腹都是识见。"坡亦未以为当。至朝云，乃曰："学士一肚皮不入时宜。"坡捧腹大笑。

显然，王朝云透过苏东坡迷人眼目的才华，看见了那颗不随波逐流的心。更难能可贵的是，她不仅能与苏东坡共情，还愿与苏东坡共苦。在苏东坡被贬岭南的时候，家中侍妾相继辞去，只有王朝云随他身入瘴疠之地。此时在苏东坡心中，她早已是生命中不可或缺的伴侣。这从他到达惠州后写给老朋友陈季常的信中就能看出："自当途闻命，便遣骨肉还阳羡，独与幼子过及老云并二老婢共吾过岭"。苏东坡用"老云"这样的词语来称呼王朝云，风趣之中也显示出他们老夫老妻的亲密无间。苏东坡送给这位不离不弃的红颜知己一首诗，诗名就叫《朝云诗》：

不似杨枝别乐天，恰如通德伴伶元。
阿奴络秀不同老，天女维摩总解禅。

▲八大山人所作的《东坡朝云图》，画上题有苏东坡所作的《朝云诗》。

经卷药炉新活计，舞衫歌扇旧因缘。
丹成逐我三山去，不作巫阳云雨仙。

诗中“阿奴络秀不同老，天女维摩总解禅”一联，为我揭开了《朝云悟禅图》的秘密。上句用晋朝李络秀的典故，暗指王朝云唯一的儿子苏遁夭折之事。王朝云在黄州期间为苏东坡诞下一子，小名干儿。苏东坡为他取名为“遁”，在孩子满月之时，苏东坡戏作七绝一首：

人皆养子望聪明，我被聪明误一生。
唯愿孩儿愚且鲁，无灾无难到公卿。

但可惜苏遁未能如父亲所愿，夭折于从黄州前往汝州的旅途中。王朝云伤心欲绝，之后渐近佛法，借此排遣。苏东坡在赠诗中将她比作维摩诘居士身边的天女，也是期望她能解开内心郁结，“丹成逐我三山去，不作巫阳云雨仙”。但遗憾的是，王朝云最终未能走出心中的阴影，35岁便病逝于惠州，“临去，诵《六如偈》以绝”。

我很想找到当年悬挂于城曲草堂中的《朝云悟禅图》，但遍寻网络，未能如愿，只觅得一幅《朝云诵偈图》。图中的王朝云婉约虔诚，双手合十，或许正祈祷能陪伴那个才华横溢的男人走完艰难但精彩的人生之路。

▼耦园鲽砚庐已于2024年布置一新，以便后人在此追想当年沈秉成与严永华夫唱妇随的浪漫往事。

耦园佳偶共鲽砚

王朝云和严永华的出现，让耦园的这次寿苏会多了些许浪漫。苏城文士们纷纷将目光从画中人转向眼前人，从赞颂苏东坡和王朝云，转为歌咏耦园中的才子佳人。比如苏邻园主人李鸿裔的这首和诗：

遥遥丙子至庚辰，历历前因及后因。八百年过如对面，三千界大见分身。
紫裘腰笛吾家事，丹荔神弦越国臣。为问朝云悟禅偈，何如鲽砚伴诗人。

最后一句中的“鲽砚”说的正是耦园典故。当年沈秉成在京师偶得一块鱼形石，将其一剖为二，做成两只砚台，他与严永华各用其一，取名为“鲽砚”，并把自己的藏书楼也称为“鲽砚庐”。所谓鲽，指的是一种鱼类，与比目鱼相似。这种鱼出行时常常两两结伴，“不比不行”，后来与比翼鸟、鸳鸯等一起成为爱情的象征。沈秉成和严永华用这样的方式将夫妻恩爱展现得既高雅脱俗，又淋漓尽致。清代大学者、曲园主人俞樾曾有诗赞此：

何年东海鱼，化作一拳石。
天为贤梁孟，产此双合璧。

同王朝云之于苏东坡相似，严永华也是沈秉成的第三任伴侣，她陪伴这个男人在耦园之中度过了人生中最惬意的八年时光，帮助他走出丧妻、丧子之痛，在耦园中“枕波双隐”、诗酒联欢，堪称灵魂伴侣。今天，耦园东花园的樨廊廊壁上，还保留着一副旧联“耦园住佳耦，城曲筑诗城”，正是人们对这满园浪漫的歌颂。

但同样遗憾的是，严永华也和当年的王朝云一样，没能陪生命中最重要的

耦园《抡元图》石刻。碑上有耦园主人沈秉成和严永华的题跋及印章。

男人走到最后。在沈秉成即将走上人生巅峰的时候，严永华病逝于安庆。幸运的是，她最终得以同夫君同穴而眠，不像王朝云，只能孤零零留在那个她并不熟悉的惠州西湖之畔。

每次到耦园，我都会去东花园的筠廊上看那幅《抡元图》石刻，图画下方留有沈秉成和严永华的亲笔题跋，这是耦园中唯一能看到两人联袂笔迹的地方。题跋之后，有一枚特殊的印章，形如两圆相套：上部刻“鲽砚庐”，下部刻“联珠印”，中间重叠的地方刻“夫妇”二字。这是独属于沈秉成和严永华的印章，是他们诗文、园居和爱情的结合与见证。

这秀美的题跋和精巧的印章，总让我想起那些动人的耦园往事，继而想起苏东坡和王朝云，也想起那些不朽的爱情和永远的遗憾。

李委吹笛寿东坡

在耦园寿苏会上，人们唱起了东坡的词曲，谈起了东坡的爱情，也想到了800多年前，就曾为苏东坡过生日的那些普通人。李鸿裔诗中的那句“紫裘腰笛吾家事”，说的正是苏东坡一生中最有画面感的一场生日会。

那是北宋元丰五年十二月十九日（时1083年），苏东坡身在黄州。此时的他已经从精神世界的泥泞中突围而出，写出了前后《赤壁赋》《念奴娇 · 赤壁怀古》等震撼文坛之作，也结交了郭遘、古耕道等当地朋友。这一日，朋友们在赤壁矶头置酒，为他庆贺生辰。

大家先齐登绝顶，俯视大江，再回到赤壁之下，饮酒为乐。酒酣耳热之时，忽然听闻有笛声起于长江之上。苏东坡的朋友郭遘熟知音律，赞叹这笛曲颇有新意，绝非寻常俗手所为。于是遣人循声相问，原来是进士李委得知今天是东坡生辰，特意谱写了一曲《鹤南飞》，献给自己的偶像。

苏东坡连忙让人把李委请来，只见其人头戴青巾、一袭紫裘、腰间插笛，颇为风流。他又为大家献上了数曲，笛声“嘹然有穿云裂石之声”，众人以此笛声下酒，共祝寿辰。苏东坡极为高兴，口占一绝作为给李委的还礼：

山头孤鹤向南飞，载我南游到九疑。
下界何人也吹笛，可怜时复犯龟兹。

苏东坡在诗中巧用了唐代神笛手李谟的典故。李谟是唐玄宗时期长安吹笛第一人，曾为诗人韦应物吹笛。一次，他应邀到越州镜湖上演奏，听笛人中有一位神仙般的“孤独生”，竟然从李谟的笛声中听出了他的笛艺可能来自西域龟兹。苏东坡用“可怜时复犯龟兹”这般的诗句，不仅不着痕迹地赞赏了李委笛艺高妙，也隐隐有以“孤独生”自喻之意，展现了自己以仙人临凡之姿驾鹤而游，心灵已出樊笼，重获自由。

彼时的苏东坡可能没有想到，身为犯官的他，依然能有不少新老朋友，置酒吹笛，同他共庆生辰。而他更不会想到的是，数百年之后，依然有无数文人墨客，会精心准备雅集，隔着茫茫时空，为他庆贺生辰。

瓣香一片起苏城

“为东坡寿”的文人雅集，正是起源于苏州。很多学者将这开风气之先的功劳归于清代名臣宋荦。

清康熙年间，宋荦来到姑苏，出任江苏巡抚。他赈荒抚饥，深得人心，被康熙皇帝誉为“天下巡抚第一”。而在当时的文人之中，他又因为一生仰慕苏东坡，被称为“天下苏迷第一”。

宋荦曾在书中写道：“予自龆龀时，闻长老言苏文忠公之为人，心窃慕效之。及就傅，读公传，向往逾挚。尝图公像悬座右，而貌予侍其侧。稍长，遍诵

▲江苏巡抚衙门旧址中重建的苏式小园林，宛如宋荦时代的小沧浪再现。当年的那场开启先河的寿苏会就是在此举行的。

公集，然嗜有韵之言尤深。其始筮仕得黄州倅，又幸与公同。”可见他从小就崇拜苏东坡，不仅通读东坡诗文，还在家中悬挂其画像用于拜谒，甚至将自己作为侍从，画在东坡像旁，希望以此方式常伴偶像左右。

宋荦在苏州购得了宋版《施顾注东坡先生诗》的残本。这本书是南宋施元之、施宿父子及顾禧合注的东坡诗集，于南宋嘉定六年（1213）刻成，当时印本就不多，后世流传极为稀少。宋荦如获至宝，立刻请一众文化名流加以校补。清康熙三十九年十二月十九日（时1701年），这本珍贵的东坡诗集校补完成，命名为《施注苏诗》。当天恰逢东坡生日，宋荦便在江苏巡抚官邸中的小沧浪举行了一场为东坡祝寿的雅集。

今天苏州古城书院巷中的江苏巡抚衙门旧址，正是当年宋荦官邸所在，时过境迁，仍有些许遗存。我独行其中，奢望能找到一些300多年前的痕迹。院落中有一座修复后的小园林，一池碧水，亭台参差，花木掩映，颇有佳趣。我停下脚步，心有所感：也许这就是300多年前宋荦所建的小沧浪的再现吧。

立于池畔，我仿佛隔水望见宋荦正带领众人张挂《东坡笠屐图》，呈献宋本《施注苏诗》，摆好“黄鸡花猪”等供品，满斟“东坡蜜酒”，然后整理衣冠，肃然一拜。

在很多学者看来，正是这一拜，开启了苏州这座城市绵延300多年的寿苏之会。但其实在宋荦来到苏州之前，姑苏文人早已默默开始了他们的寿苏雅集。我在晚明著名戏剧家、昆山人张大复的《梅花草堂笔谈》中读到了这样的内容：

> 丁未腊月十九日，命桐持瓣香过容安馆，为东坡先生贺诞。僧蕴虚、澄伯朗、僧仲远各诵《圆觉经》一卷，相与礼白衣大士，憩精舍久之，过澄浴室洗次已，与客饮数盏，颓然竟醉。因思坡在泗州浴雍熙塔下作《如梦令》二阕，记之，考其时盖元丰七年十二月，岂亦岁俗涤除之意欤。从游者陈元瑜、陈纯伯、沈云甫、朱子将、子桐、侄樌、隶而从者石氏子坤。

张大复文中所说的“丁未”，就是明万历三十五年，即1607年。在宋荦于苏州小沧浪举办寿苏会的近百年前，张大复已经在供奉着东坡小像的容安馆中和僧俗友人们一起，为“坡仙”祝贺生辰了。

张大复的一生颇为坎坷，罹患眼疾，因病致贫，但一直凭借微弱的视力坚持写作；40岁后完全失明，只能通过口述方式著书，仍创作出了大量的戏曲和小品文。他一生都以苏东坡为偶像，在其名作《梅花草堂笔谈》中，数十次提到苏东坡及其作品。可以想见，在艰难困苦且漆黑一团的生活当中，正是乐观不屈的东坡精神，为他点亮了生命的灯火。

而他也点燃了数百年不灭的“为东坡寿”的香火。

宛在亭中拜斯人

在张大复、宋荦之后，有两个人将寿苏会真正做成了系列雅集，促使寿苏活动在各地全面开花。其中一位是前文介绍过的京师学士翁方纲，而另一位就是清乾隆年间的状元、被称为“学者督抚”的苏州人毕沅。

毕沅，生于苏州镇洋（今太仓），他的母亲是清代著名的才女张藻，能诗能文，学识渊博。毕沅幼年丧父，全靠母亲培育成才。10岁的时候，母亲就为他“口授毛诗”，讲“声韵之学”，之后“以东坡集示之，日夕复诵，遂锐志学诗”。毕沅曾在诗中说“予不识公频梦公，指点诗法启瞶蒙”，可见正是苏东坡和他的作品，为年少的毕沅打开了文学之门，也奠定了其未来“学者督抚”之路。

因为苏东坡对于毕沅而言，有着不同一般诗人的独特意义。所以当毕沅出任陕西巡抚之后，曾数次前往凤翔寻找东坡的足迹——这里正是数百年前年轻的苏东坡仕途的起点。北宋嘉祐六年（1061），在中央专为选拔人才而开设的制科考试中夺得第一名的苏东坡，被授予大理评事签书凤翔府判官一职，其中大理评事代表级别，而签书凤翔府判官才是实际派遣的职务。

在去往凤翔的途中，第一次离开父亲兄弟奔赴宦海的苏东坡感慨良多，写下了著名的《和子由渑池怀旧》一诗：

人生到处知何似，应似飞鸿踏雪泥。
泥上偶然留指爪，鸿飞那复计东西。
老僧已死成新塔，坏壁无由见旧题。
往日崎岖还记否，路长人困蹇驴嘶。

苏东坡用超逸绝伦的诗歌语言，营造出雪泥飞鸿的绝美意境，写出了所有人在面对人生长路无尽漂泊时的那种不安和彷徨。在凤翔这片雪泥之中，苏东坡留下了他的痕迹：他在这里掌管“五曹文书”（功、仓、户、兵、法），熟悉基层政府的运作，为后来出任通判、知州打下了基础；他在这里关注民生，两度参与祈雨，并写下了千古名作《喜雨亭记》；他在这里接触边防事务，负责集运米粮，供给对西夏作战的官军；他在这里疏浚了东湖，并吟诗作赋，为这座城市留下宝贵的文化遗产；他还在这里结识了一生的好友文同，未来在逆境中给予他巨大温暖的陈慥，以及一生中亦敌亦友的同行者章惇等人，给人生埋下了无数伏笔。

毕沅当然知道凤翔对于苏东坡人生的重要性，也为自己能够踏上苏东坡当年生活过的地方而感觉到幸运。他整修了东湖和湖边的苏祠，并留下了不少吟咏诗篇，字里行间包含着他对苏东坡的无限追慕。比如这组《夜憩东湖，与严冬友侍读，玩月宛在亭》：

十围老柳千寻柏，拔地参天七百秋。
为问坡仙仙去后，几人曾向此中游。

便认今宵即是仙，童奴怪我不思眠。
鱼儿跳子蛙鸣鼓，不听此声今廿年。

溪山橐溯浣华迹，水木兹寻嘉祐年。
论我平生太侥幸，宦游多得近前贤。

苏门一派瓣香残，衣钵由来付托难。
留得东湖湖上月，分明许我两人看。

▲陕西凤翔东湖公园中的宛在亭，正是当年苏州人毕沅留下“宛在亭中人宛在，萧森竹柏照须眉”之句的地点。

西风栈险连云远，南浦花深进艇迟。
宛在亭中人宛在，萧森竹柏照须眉。

清乾隆四十七年（1782），毕沅不再满足只是自己拜苏，开启了其系列寿苏会的第一场活动。他召集十三名来自苏、常一带的文士，齐聚官署内的终南仙馆，共同为苏东坡庆贺生辰。其中包括苏州诗人、藏书家吴泰来，苏州诗人、书画家徐坚，苏州太仓诗人王开沃，等等。

雅集基本延续了“宋荦模式”：馆中悬挂著名画家陈洪绶所作的《东坡笠屐图》，并供奉“芋羹皛饭”“花猪竹鼠留”“真一酒”等东坡特色供品，还组织了伶人进行歌舞演奏。每个参与者都作诗纪念，并汇编成《苏文忠公寿宴诗》。随后，在清乾隆四十八年（1783）和四十九年（1784），毕沅都坚持举办寿苏活动，即便后来离开陕西，也将寿苏会带到了他督抚的河南、湖北等地。

2020年，我从苏州到凤翔寻访东坡遗迹，刚到东湖北门，便看见毕沅留下的楹联“百顷汇泉源，偕周鼓秦碑共数八观雄右辅；千秋留宦迹，比颍川杭郡还应两地配西湖”。于是，在毕公引导之下，我先拜苏公祠、登凌虚台、入喜雨亭，再观碧水、行曲桥、倚垂柳，追想那些凤翔往事。最后，走出东湖南门，在那里，年轻的苏东坡正等待着我们。

姑苏处处祭英魂

在毕沅等人将寿苏会发展为系列活动之后，苏州文士们各出机杼，在“宋荦模式”的基础上，举办了无数令人回味无穷的雅集，既拉近了苏州和“千古第一文人”之间的关系，也为这座城市留下了丰厚的文化遗产。

今天我行走于姑苏，放眼历史深处的农历十二月十九日，仿佛随处都是文人墨客们寿苏的身影：

姑苏名士尤先诗的延月舫里，石韫玉、潘奕隽等人正吟诗为东坡祝寿，留下名句“景祐至今几甲子，坡仙仙去真不死”；兵部尚书韩葑的还读斋内，朱琀、吴廷琛、潘世璜等十二名士正在举酒拜像，园中蜡梅飘香；姑苏状元石韫玉的五柳园中，众人细赏着石家所藏的东坡遗砚；苏州按察使官邸亦园里，李彦章刚刚摆出东坡真迹《致长官董侯尺牍》；定慧寺后苏祠内，啸轩正式落成，名流云集齐贺东坡800岁生辰；虎丘山仰苏楼上，画家朱人凤与同人正挥毫作画，坡翁英姿跃然纸上；词人郑文焯寓居的壶园里，大家举杯思贤，园中大雪纷飞……

最后，我的目光又回到了耦园，苏东坡和王朝云的画像高悬在城曲草堂，沈秉成和严永华正相视而笑，酒酣的潘曾玮昂首高歌着“大江东去”，吴云笔下的东坡画像墨迹未干，顾文彬已连赋八诗，许应鑅刚吟出那句“追陪犹有岭南人”。所有人都认真地祝贺着东坡，因为他从未走远，他正护佑着每一个努力生活的人。

生日，王郎以诗见庆，次其韵并寄茶二十一片 〔宋〕苏轼

折杨新曲万人趋，独和先生《于芳于》。但信椟藏终自售，岂知碗脱本无杌。揭从冰叟来游宦，肯伴臞仙亦号儒。棠棣并为天下士，芙蓉曾到海边郛。不嫌雾谷霾松柏，终恐虹梁荷栋桴。高论无穷如锯屑，小诗有味似连珠。感君生日遥称寿，祝我余年老不枯。未办报君青玉案，建溪新饼截云腴。

李委吹笛 〔宋〕苏轼

元丰五年十二月十九日，东坡生日，置酒赤壁矶下，踞高峰，俯鹊巢。酒酣，笛声起于江上。客有郭、古二生，颇知音，谓坡曰：『笛声有新意，非俗士也。』使人问之，则进士李委闻坡生日，作新曲曰《鹤南飞》以献。呼之使前，则青巾紫裘，腰笛而已。既奏新曲，又快作数弄，嘹然有穿云裂石之声，坐客皆引满醉倒。委袖出嘉纸一幅，曰：『吾无求于公，得一绝句足矣。』坡笑而从之。

山头孤鹤向南飞，载我南游到九疑。下界何人也吹笛，可怜时复犯龟兹。

刊补施注苏诗竟于腊月十九坡公生日率诸生致祭

〔清〕宋荦

文章气节眉山苏，高名岳岳惊凡夫。七百余年余欣慕，梦中恒接鬑鬑须。公厄一时死不朽，遗编学者多沾濡。诗注吴兴最称善，梅溪旧本徒区区。断简搜得费补缀，邵冯顾李儿至俱。刊成恰当公生日，岁暮霁景堪欢娱。招邀名士肃下拜，小沧浪挂笠屐图。黄鸡花猪荐夙好，亦有蜜酒盈杯盂。左图右书歆宝气，霓旌仿佛来云衢。顾余江湖久放浪，长安馈岁每岁无。似闻家僮相窃笑，媚兹一老毋乃迂。粗官自审亦良怪，行事动与今人殊。且同我辈永今夕，缺月皎皎县墙隅。短劄急报渔洋老，应有好句酬狂奴。

生日蒙刘景文以古画松鹤为寿，且贶佳篇，次韵为谢 〔宋〕苏轼

问予一室间，宁有千里廓。尘心洗长松，远意发孤鹤。生朝得此寿，死籍疑可落。微言在参同，妙契藏九籥。故人有奇趣，逸想寄幽壑。霜枝谢寒暑，云翮无前却。何须构明堂，未羡巢阿阁。缅怀别时语，复作数日恶。诗腴固堪飧，字瘦还可愕。高标忽在眼，清梦了如昨。君今哙等伍，志与湛辈各。岂待相顾言，方为不朽托。子云老执戟，长孺终主爵。吾当追松乔，子亦鄙卫霍。

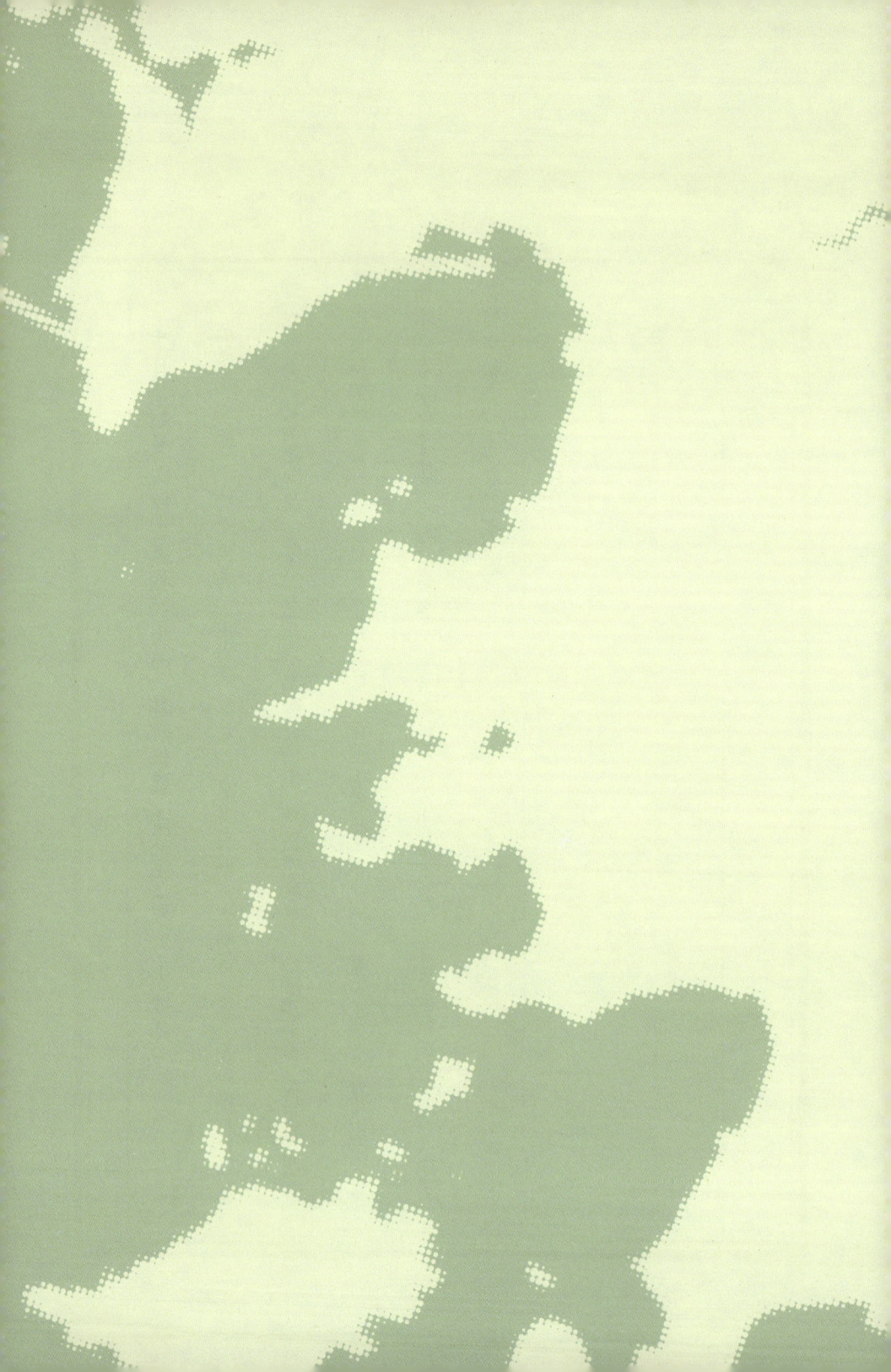

双塔诗碑

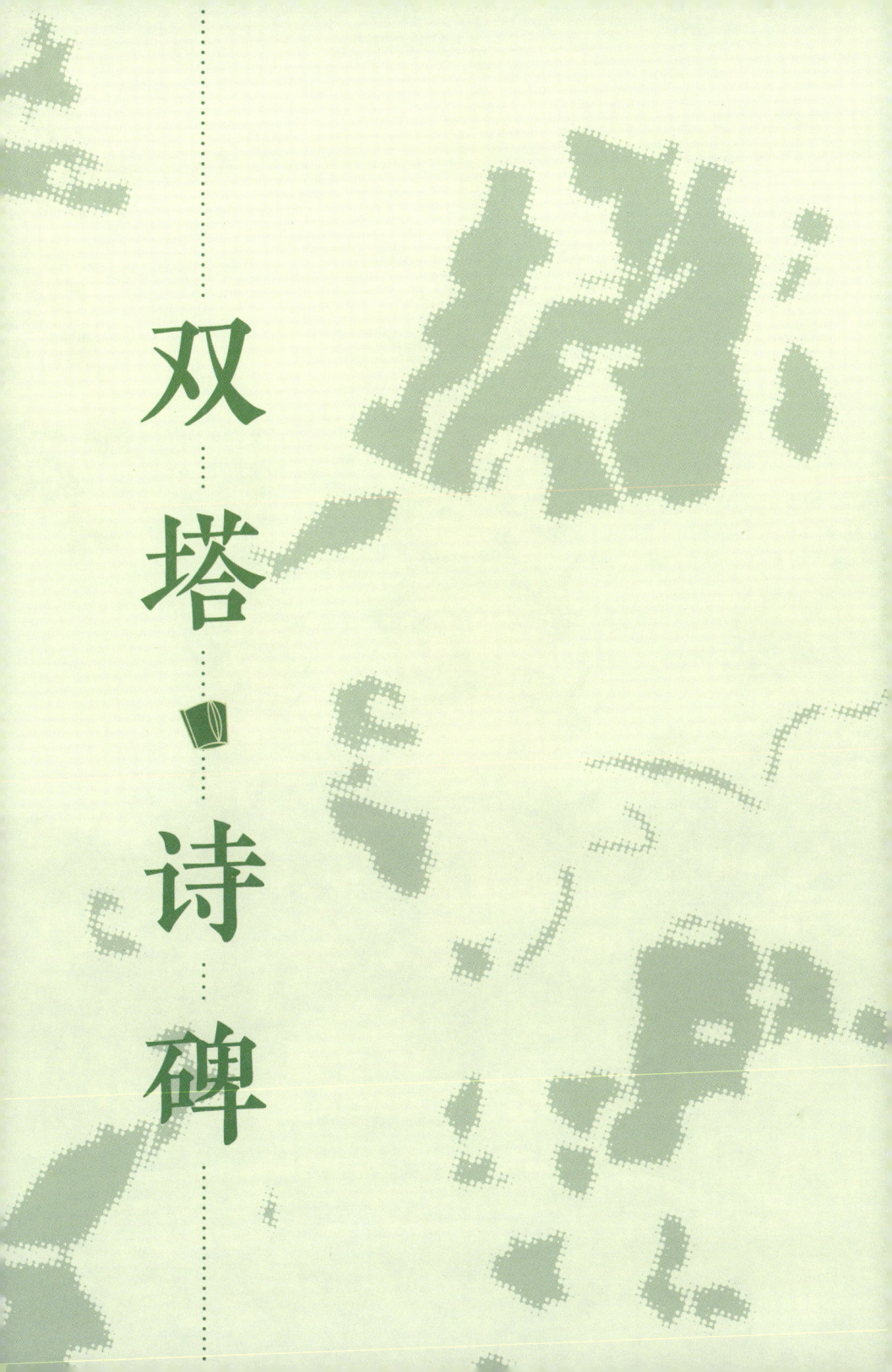

寻找苏东坡的最后一站，我又回到了定慧寺巷，来到了《苏文忠公宋本真像》和李超琼诗碑之前。我要向两位先贤讲一讲这一路行来的所见所得。这是属于我的独处时光，“与谁同坐”，苏公、李公、我。清风徐来，似乎轻轻吹动了画像上苏东坡的衣角，但他只是微笑不语；而树叶沙沙作响，仿佛是诗碑背后的石船居士李超琼，隔着时间之河，再度为我读起了那首长诗。

玉局仙人本奎宿，九州内外争尸祝。中吴祠宇半荒凉，来酹寒泉荐秋菊。
公之井里我乡关，绮岁眉山往还熟。秋风倚棹荡玻璃，春日循街问纱縠。
一从东下踏尘土，梦绕凌云如转毂。宦游况送江入海，似与遗迹相追逐。
繄昔公当乞郡时，钱塘吴兴频典牧。姑苏台畔屡经过，山水流连等三竺。
虎邱岩壁铁花秀，高会欣逢刘孝叔。三贤画像快留题，苦羡鲈鱼叹麋鹿。
镰衣杷菌眼枯泪，尤为吴农重蒿目。公乎虽去八百载，疑有英灵时往复。
西风摵摵吹疏木，神之来兮气萧肃。艾烟纷缭鼪鼯逃，想像灵旗天半簇。
昔闻定慧钦长老，一面缘悭互倾服。惠州谪去八千里，翟公门无客不速。
独教契顺远投诗，寒山十颂清可读。当时行脚苦招邀，应迓吟魂返僧屋。
岂知劫火到毗耶，铁柱石楼有翻覆。啸轩可啸似黄州，至今竟无风扫竹。
写真图或倩龙眠，笠屐不堪尘满掬。自来三吴盛文史，何时淫祀滋繁黩。
铲除空忆睢州汤，起化更少平湖陆。竟令胜迹莽榛菅，坐使明禋失清穆。
惟公浩气没犹存，风马云车肯频蹙。尚循典礼洁牲牷，不似琼儋烧蝙蝠。
群蒿一奏鹤南飞，城郭依然应降福。骖龙翳凤公去来，定念旧游惊闪倏。
太息当时箕口张，乌台诗案千秋独。买田阳羡归未能，万里桄榔甘黜伏。
公之名德尚若此，我辈何功幸持禄。愿将举废告同心，半亩溪堂更新筑。
紫袍腰笛寿公时，还献梅花挹清馥。

你好，石船居士，我想我应该已经读懂了你的诗。你一生都沿着苏东坡的足迹而前行，你一直都为有这样一个伟大的同乡而感到骄傲。你捐出自己的俸禄重修了苏祠，延续着这座城市对那位伟大文人的敬意。

我走遍了苏州城中你所提及的每一处东坡印记："虎邱岩壁铁花秀，高会欣逢刘孝叔"，这是苏东坡的虎丘之游，他在这里留诗数首，也留下了"不游虎丘乃憾事"的后世演绎；"独教契顺远投诗，寒山十颂清可读"，这是卓契顺岭海传书之事，展现着苏州人对苏东坡的爱戴以及小人物的勇气；"三贤画像快留题，苦羡鲈鱼叹麋鹿"，这是苏东坡对"三高"的戏赞，让我们看到他玩世不恭的一面；"写真图或倩龙眠，笠屐不堪尘满掬"，这是苏东坡的苏州画像，从宋本像到笠屐图，无数人在对他的摹写中，获得继续前行的力量；"紫袍腰笛寿公时，还献梅花挹清馥"，这是从苏州发起的寿苏雅集，无数苏州文人跨越时空为东坡祝寿，也为所有努力生活的人送上祝福。

我也从你的诗出发，有了一些自己的发现。我在狮子林找到一块与这座园林有着奇特渊源的东坡诗碑；在怡园坡仙琴馆中看见了东坡先生与古琴的奇妙联系；在垂虹桥头见证了东坡先生的欢聚和离别，也见证了他和朋友们的不朽情义；在治平寺里追忆先生真迹《治平帖》，同时也感受到"赤壁三咏"给文徵明等苏州文人带来的非凡影响；我发现"洞庭春色"中满是先生种橘江南的梦想，而甫里杞菊则藏着先生和陆龟蒙的不解之缘；尤其是在网师园，我找到另外两位同乡李鸿裔和张大千与苏东坡的故事，故事里有诗有画，有梅花有桄榔。石船居士，你闲暇的时候可以同去看看，我们五个四川人，好好聚聚，一起聊聊苏州这座城市给各自生活留下的印记。

石船居士，我想此刻你一定发现我遗漏了些什么。是的，是诗中那句"镰衣杷菌眼枯泪，尤为吴农重蒿目"。你应该不会介意我把这句诗和它背后的故事，作为一份礼物，送给东坡先生吧？这也是我在苏州寻找苏东坡的最后呈现。

你好，东坡先生。我从眉山而来，从你拍手唤鱼初识王弗的中岩而来。我移居苏州已快十年，在这里寻找自己想要的生活，也在这里遭遇了人生最深的低谷。“春风半枯荣，春水无尽波。人生不称意，夜静读东坡”，这是我在那段失意的日子里写下的诗句。正是靠着咀嚼你的诗文、品读你的人生，我找到了走出暗巷的办法，也学会了去欣赏生活的每一个瞬间——无论它是灰暗的，还是多彩的，都在赋予我生命的意义。

最近这段时间，我每天都在苏州这座城市中寻找你留下的痕迹，我相信这些痕迹会让更多的人悟到生命的真谛。你妙绝天下的诗词歌赋，你流传千古的书法真迹，你在逆境中的旷达洒脱，你渡海归来的豪情万丈，你的幽默风趣，你的饕餮本色，以及人们对你的崇拜、回护和怀念，都留在了苏州的城市记忆中。但我总感觉还少了点什么，直到我读到这首《吴中田妇叹》：

今年粳稻熟苦迟，庶见霜风来几时。霜风来时雨如泻，杷头出菌镰生衣。
眼枯泪尽雨不尽，忍见黄穗卧青泥。茅苫一月陇上宿，天晴获稻随车归。
汗流肩赪载入市，价贱乞与如糠粞。卖牛纳税拆屋炊，虑浅不及明年饥。
官今要钱不要米，西北万里招羌儿。龚黄满朝人更苦，不如却作河伯妇。

那是北宋熙宁五年（1072），也就是你出任杭州通判的第二年，在去往湖州的路上，你目睹了吴中农户的悲惨生活：连绵秋雨让农具都发霉了，刚刚成熟的粳稻也被泡烂了。农户们好不容易等到了天气放晴，赶紧收割稻米上街售卖，却发现“要钱不要米”的新政导致了钱荒米贱，人们只能卖牛纳税，拆屋烧饭，根本顾不上考虑明年将面对的饥寒交迫。

你把一腔的悲悯和愤懑化作文字，留下了这篇堪称诗史的作品，这是你对吴中大地的爱，是为国为民的心，是知其不可为也要以笔为剑的执着和深情。

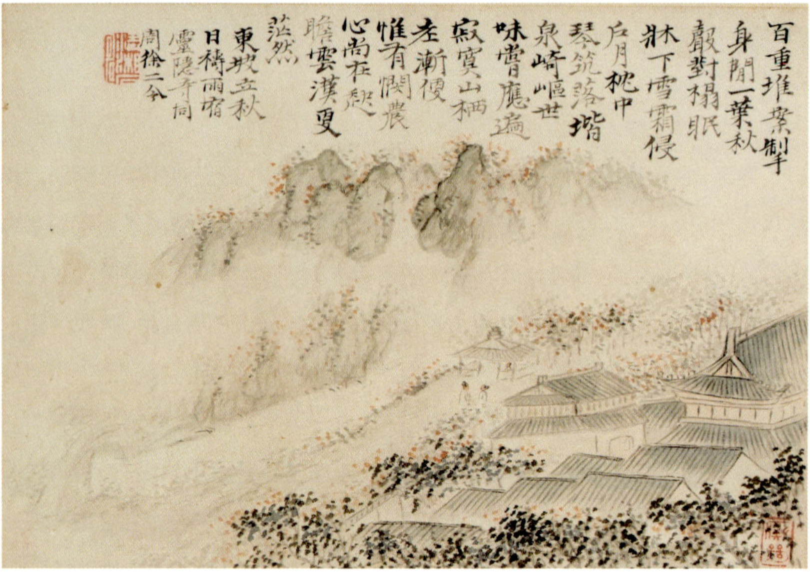

▲此图选自明末清初著名画家石涛所作的《东坡时序诗意图册》，是根据苏东坡的《立秋日祈雨宿灵隐寺同周徐二令》一诗的诗意而绘制的。诗中“惟有悯农心尚在，起瞻云汉更茫然”两句，展现了苏东坡始终胸怀天下、心系苍生的情怀。

多年之后，当再度到杭州为官的时候，你依然没有忘记当年吴中人民的悲惨生活，遍寻良方和专家，上《进单锷吴中水利书状》，向中央政府推荐根治吴中水患的人才和办法。在我心中，这才是你留给苏州、留给江南最珍贵的礼物。

东坡先生，我已决定将最近的寻找和发现写成一本小书，我知道世间为你作传的人很多很多，但这次我想用“苏州”这个独特的视角，去展现你的宦游和贬谪，你的爱情和友情，你的偶像和敌人，你的诗歌和美酒，你的乐观和豁达，你的黯然和恐惧，你的避难所和理想国。我要用这样的方式让所有的新老苏州人都感觉到，你就在这座城市，你就在众人中间。

我会写下你给苏州这座城市带来的改变，尤其是那些杰出的苏州先贤，如吴宽、王鏊、沈周、唐寅、文徵明、毕沅、顾文彬等人，是如何从你的优秀作品和非凡经历中汲取灵感与养分，去过好他们的人生；也会展现以陆龟蒙、卓契顺、闾丘公显等为代表的各个时代的苏州人，是如何对你产生了积极的回响，又如何参与到“千古第一文人”的锻造之中。

东坡先生，在这一段寻找和发现的过程中，我感觉自己慢慢看懂了这幅画像上的你：宽袍大袖，双手轻拢，似乎正在行礼。我想这应该是你从历史深处，向岭海传书的守钦、卓契顺，向画下笠屐图的唐寅，向补书《赤壁赋》的文徵明，向举办寿苏活动的宋荦，向修建苏祠的李彦章，向这座深爱着你的城市和所有深爱着你的平凡人，送来的轻轻一揖吧。

我也似乎渐渐明白了，从古至今，从文人墨客到僧道隐士，从封疆大吏到贩夫走卒，从落魄才子到红粉佳人，人们为什么总在寻找你的足迹——每个人都能从你这样一位才华横溢、豁达洒脱、笑看人生的命运多舛者身上，获得自我拯救的力量。

你是所有人的药！

图书在版编目（CIP）数据

在苏州寻找苏东坡 / 蒋理著. -- 苏州 : 古吴轩出版社, 2025. 3（2025. 5 重印）. -- ISBN 978-7-5546-2555-2

Ⅰ. K825.6

中国国家版本馆CIP数据核字第202591EU91号

责任编辑： 李爱华
见习编辑： 李　楠
装帧设计： 李　璇
责任校对： 任佳佳

书　　名： 在苏州寻找苏东坡
著　　者： 蒋　理
出版发行： 苏州新闻出版集团
古吴轩出版社
地址：苏州市八达街118号苏州新闻大厦30F
电话：0512-65233679　　邮编：215123
出 版 人： 王乐飞
印　　刷： 苏州市越洋印刷有限公司
开　　本： 880mm×1230mm　1/32
印　　张： 8.5
字　　数： 236千字
版　　次： 2025年3月第1版
印　　次： 2025年5月第2次印刷
书　　号： ISBN 978-7-5546-2555-2
定　　价： 68.00元